JN026966

産業組織と企業行動

Industrial Organization and Firm Behavior

Takeshi IKEDA
池田 剛士 著

税務経理協会

はじめに

本書は伝統的な産業組織論に基づいた理論分析が主なテーマとなっている。一部では，ゲーム理論を用いた分析もおこなっているが，ゲーム理論や契約理論を中心に展開される，組織の経済学などとは異なるものといえよう。本書の主な構成は以下のとおりである。

Part Ⅰでは，市場構造が経済厚生に与える効果を検討する。すなわち，「市場における企業数の違い」や「数量競争か価格競争か」「自由な参入が認められるケース」といった，いわゆる市場構造あるいは市場環境に注目し，その変化が経済厚生にどのような影響を与えるかが論じられる。この際，企業がおこなう意思決定は「生産量をいくらにするか」もしくは「価格をいくらにするか」が中心となる。

これに対しPart Ⅱでは，企業の利潤最大化戦略に注目する。言うまでもなく，現実の企業は生産量を決めるだけでなく，利潤を高めるために様々な戦略を講じている。例えば，「どのような品質の財を作るか」「どこに店舗を構えるか」「どの市場で販売するか」など挙げればキリがない。Part Ⅱではこれらの企業戦略が経済厚生に及ぼす影響を分析していく。

Part Ⅲは産業組織論の応用分野の紹介である。産業組織の理論は様々な分野で応用されるが，ここでは特に「国際貿易論」と「公企業の理論」を紹介する。また最後に，産業組織論の２大学派といわれる，ハーバード学派とシカゴ学派を簡単に概観する。

本書は著者のこれまでに発表した研究論文と大東文化大学，青山学院大学，奈良県立大学，神戸学院大学における産業組織論，ミクロ経済学，経済数学の講義資料が基となっている。１冊の本としてまとめることができたのも，共同研究者，学友，同僚，そして講義を受講してくれた多くの学生諸君のおかげである。改めて感謝申し上げたい。また大学院への進学を快く認めてくれて，博士号を取得するまで暖かく支援してくれた両親と，主婦としてそして幼子の母として，家事と育児に専念し，家庭を守ることで研究活動を支えてくれる妻に感謝したい。

最後に，本書の企画を持ってきてくださり，1冊の本になるまで暖かく見守ってくださった税務経理協会の加藤勝彦氏に深く感謝申し上げたい[1]。

2020年9月吉日

池田　剛士

1　本書は大東文化大学経済学会からの刊行助成を受けている。助成にあたり，本書を審査して頂いた2名の匿名の審査員にも感謝の意を表したい。

目　次

Part Ⅱ　企業戦略と経済厚生

Part Ⅲ　産業組織論の応用

Part Ⅰ

市場構造と経済厚生

Market Structure and Welfare

第1章 完全競争市場と経済厚生

「ある財を生産している企業が１社のみ」の場合と「ある財を生産している企業が２社」の場合，そして「ある財を生産している企業が数えきれないほど無数にいる」場合をそれぞれ分析するとしよう。どのケースが最も複雑な分析になるだろうか。やはり，無数に企業がいるケースだろうか。実は理論分析においては，無数に企業が存在するケースが最も分析がおこないやすく，次いで１社のみのケース（独占），２社のケース（複占）の順に複雑になるのである。なぜだろうか。その理由を探るために，まずは無数に企業がいるケースからみていこう。

1-1 完全競争企業

ある財を生産する企業が非常にたくさん存在するとしよう。また，ここでは企業が生産する財は全く同質で，品質を改良したり，差別化したりすることは出来ないものとする。するとその企業は自社の利潤を最大にするために，どのように行動するだろう。出来るだけ儲けるために，なるべく価格を高くしようとするだろうか。それとも，たくさん売るために安くしようとするだろうか。実はそのどちらでもないのである。

図１-１は市場全体の需要曲線と供給曲線を表している。**需要曲線とは「価格が＊円のとき，需要量が＃個である。」という関係を示す曲線**であり，**供給曲線とは「価格が＊円のとき，供給量が＃個である。」という関係を示す曲線**である。つまり，価格が安くなるほど需要量は増加し，供給量は減少することを意味している[1]。

1　需要曲線に関する詳しい説明はミクロ経済学のテキストを参照のこと。

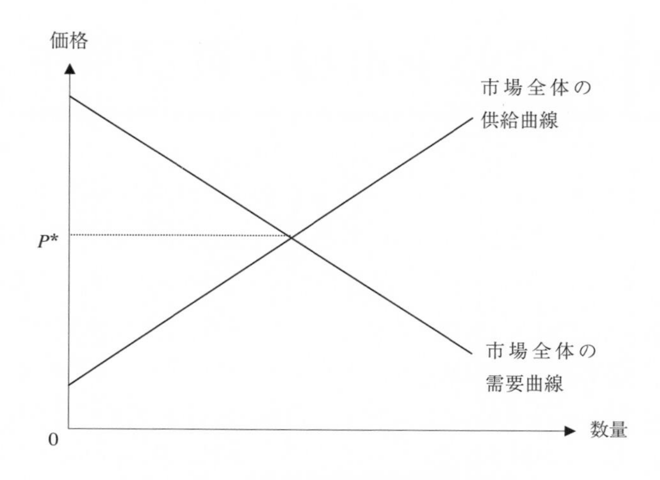

図1-1　市場全体の需要曲線と供給曲線

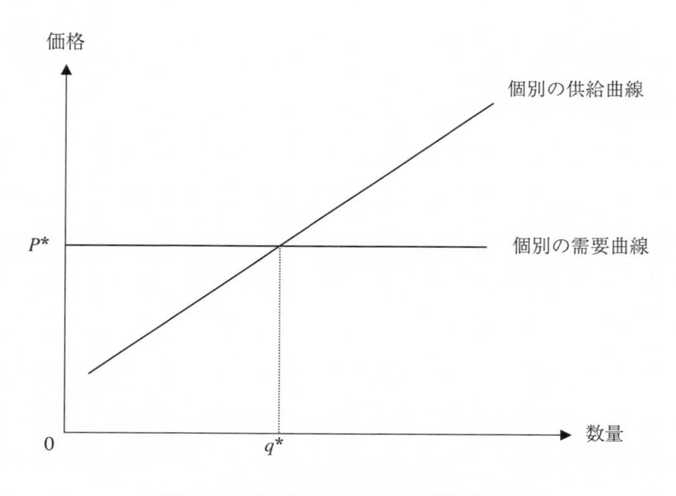

図1-2　個別の需要曲線と供給曲線

これに対し**図1-2**では個別企業が直面する需要曲線を描いている。市場全体の需要曲線が右下がりであったのに対し**個別企業が直面する需要曲線は水平に**

描かれているわけであるが，これはなぜか。それは同じ財を生産する企業が無数にある場合，個別企業は市場全体に対して影響力を持つことが出来ないと考えられるためである。したがって**市場で決定された価格（P^*）を与えられたものとして行動するしかない**。言い換えるとP^*の価格でなら好きなだけ生産できるのである[2]。このような企業は**完全競争企業**と呼ばれる。

同じ財（同質財）を生産している以上，自分だけ価格をP^*より高くすれば，全く売れなくなる。逆に価格をP^*より下げることは可能であるが，より高い価格でいくらでも売れるにも関わらず，安くする必要性がない。つまり，完全競争企業は「与えられた価格（P^*）に対し，自分はどれだけの量を生産すれば利潤が最大になるか？」を考えるしかなく，**図1-2**の個別の供給曲線と個別の需要曲線が交わったq^*で生産量を決定するのが最適になるのである。

1-2 完全競争企業の利潤最大化条件

では，具体的に完全競争企業の行動を分析していこう。ある完全競争企業の直面する価格をp，生産量をq，総費用を$C=c(q)$で表すこととする。ただし，$c'(q)>0$かつ$c''(q)>0$である。$c'(q)$は生産量に関する導関数で，生産量が僅かに増えた際，費用がどれだけ増えるのかを表しており，それは**限界費用**と呼ばれる。つまり，$c'(q)>0$という仮定は限界費用が常にプラスであることを意味しており，生産量が増えるにつれ，総費用も増えることになる。加えて，$c''(q)>0$という仮定は限界費用自身も生産量が増えるにつれ増えることを意味しており，これらの仮定により，費用関数が下に凸の形状になることが保証されるのである。**図1-3**でそのような費用関数の例が示されている。

企業の利潤は「収入－費用」なので，この企業の利潤関数は

2　市場全体では傾いているのに，個別では水平になるというのは奇妙に思われるかもしれないが，宇宙から見れば丸い地球も，地球に近づくにつれ地平線は水平になり，地上で生活している我々は地平線の丸みを感じることはない。それと同じことといえよう。

$$\pi = pq - c(q)$$

と表される。つまり，完全競争企業はこの利潤 π を最大にする生産量 q を求めることになるのである。したがって，q に関し微分しゼロとおく（**利潤最大化の一階の条件**）と

$$\frac{d\pi}{dq} = p - c'(q) = 0$$

$$\Rightarrow p = c'(q)$$

が得られる。この式より，**完全競争企業の利潤最大化条件は価格と限界費用を一致させること**であることがわかる[3]。図1-4ではその例が示されている。この図からもわかるように，**個別企業の供給曲線とは実は限界費用曲線のこと**なのである。

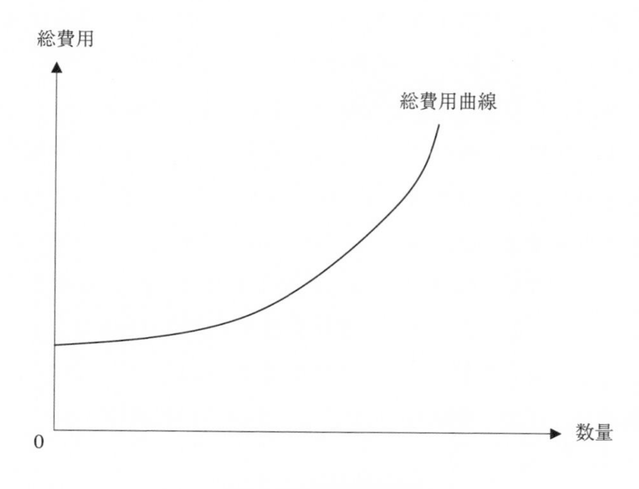

図1-3　総費用曲線

3　二階の条件は $d^2\pi/dq^2 = -c''(q) < 0$ と満たされていることが確認できる。

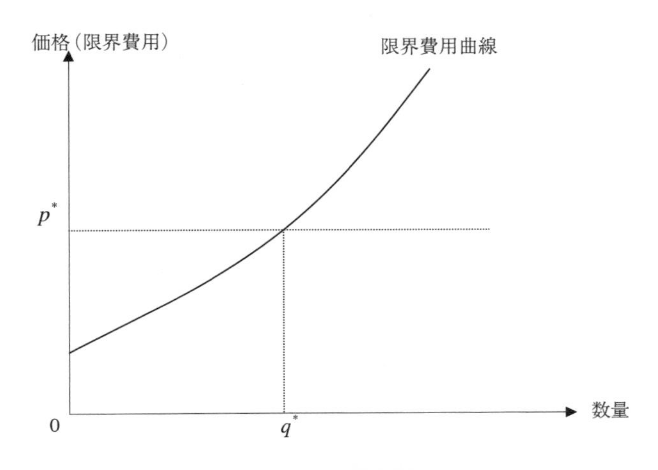

図1-4　限界費用曲線

ただし，価格が低くなりすぎると，利潤が発生しなくなり（損益分岐点），固定費用（生産量がゼロの時でも発生する費用）も回収できなくなると廃業した方がマシになる（操業停止点）。したがって，厳密には限界費用曲線の一部が供給曲線を形成することになる。

では，もう少し具体的な例を挙げて計算してみよう。ある完全競争企業の直面する価格が20，総費用が$C=(q^2/2)+5$のとき，利潤を最大にする生産量はいくらになるだろうか。まず利潤関数を求めると

$$\pi = 20q - \frac{q^2}{2} - 5$$

となる。利潤最大化の一階の条件より

$$\frac{d\pi}{dq} = 20 - q = 0$$

$$\Rightarrow q = 20$$

が得られ，したがって利潤を最大にする生産量は20で，その時の利潤は195となる。このとき，総費用$C=(q^2/2)+5$に含まれる固定費用の5は生産量の決定とは無関係であることに注意しよう[4]。

1-3 経済厚生

1-1で見たように，完全競争市場では需要曲線と供給曲線の交点で**均衡価格（市場価格）**と**均衡生産量**が決定される。**図1-5**ではこのときの**消費者余剰**と**生産者余剰**が表されている。消費者余剰とは消費者の留保価格（その財に対し，ここまでなら支払っても良いと考える価格）と実際に支払った価格の差であり，これが大きいほど消費者は利益を得ていると考えることが出来る。他方，生産者余剰とは実際に売れた価格から企業が売っても良いと考える最低価格を引いたもので，これが大きいほど生産者は利益を得ていることになる。課税や補助金などの政府介入が無い場合，消費者余剰と生産者余剰の和をその市場における**社会的余剰（総余剰）**と呼び，これが経済厚生を測る指標となるのである。

社会的余剰は完全競争の時，最大になることを簡単に確認しておこう。仮に生産者が結託して，総生産量を**図1-5**のQ^*よりも小さいQ^{**}に制限したとする[5]。すると，**図1-6**に示されているように，消費者が支払う価格はP^{**}に上昇する。また，消費者余剰は小さく，生産者余剰は大きくなることが分かる。市場全体では太線で示された三角形の分だけ社会的余剰が減少することになる。この損失は**死荷重**と呼ばれる。つまり，均衡生産量よりも少しだけ生産量を制限することで，生産者は得をして消費者は損をし，トータルでは損失が発生することになるのである。政府によって財に税が課されたり，生産の補助金が与えられたりした際にも同様の死荷重が発生することが確認できる。

---

4 固定費用は研究開発費のような回収出来ない埋没費用（サンクコスト）と土地や建物のような売却可能な資産に分けることが出来る。

5 これの代表的な例は石油輸出国機構（OPEC）が行う原油の生産量規制であろう。日本で企業がこのようなことをすれば，独占禁止法違反となり，厳しく罰せられることになる。

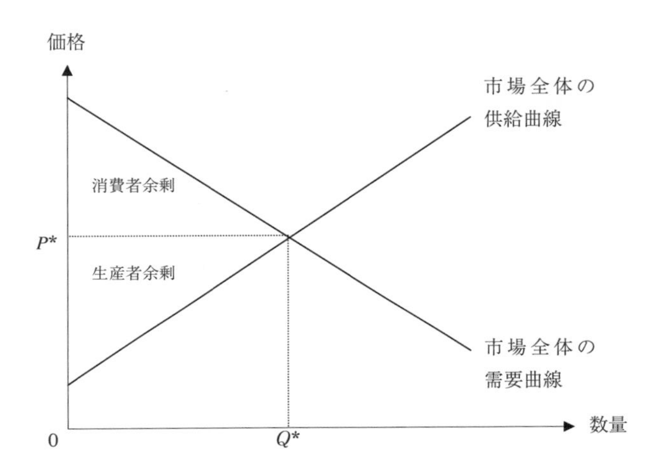

図1-5　社会的余剰

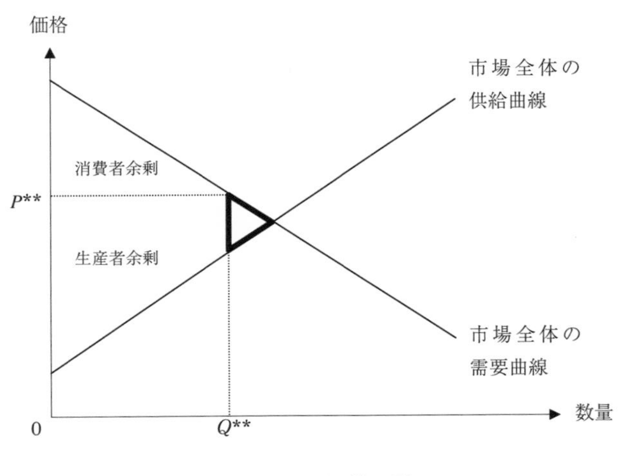

図1-6　死　荷　重

さて，ここまでみてきた通り，完全競争企業の行動は価格を所与として（一定として）分析できるため，複雑な議論をある程度避けることが出来る。しかしながら，企業数が少なくなると，価格を所与として行動するとは考えられない。企業は自身が価格の決定力を持つことになり，分析は幾分か複雑になるのである。**第2章**では完全競争企業と対極にある「独占企業」の利潤最大化行動についてみていこう。

第2章 独占企業と経済厚生

第1章では，同じ財を生産する企業が無数に存在する「完全競争企業」についてみてきた。本章ではそれと対極にある「独占企業」の行動について考えていくことにしよう。

2-1 独占企業とは

独占企業とはある財を生産する企業が何らかの事情で自分だけになっている企業のことである。またここでは新たな企業の参入の恐れもないものとしよう[1]。するとそのような独占企業は価格を与えられたものとして行動することはなくなる。**図2-1**では需要曲線と限界費用曲線が描かれているが，完全競争企業と異なり，市場全体の需要曲線がそのまま企業の直面する需要曲線になるのである。

さて，それならば独占企業は**図2-1**で示される需要曲線と限界費用曲線の交点で価格と生産量を決定するだろうか。完全競争企業のケースではそうであったが，独占企業のケースではだいぶ事情が異なる。なぜなら，価格を所与とした完全競争企業とは違い，**独占企業は自身の生産量の増加により，価格が低下することを認識する**からである。つまり，生産量を増やすと需要曲線に沿って価格が下落するのだが，増やし過ぎることで価格が下がり過ぎてしまい，利潤が低下してしまうことを知っているのだ。

1　新規参入の恐れがあるケースについては**第6章**および**第7章**で扱う。

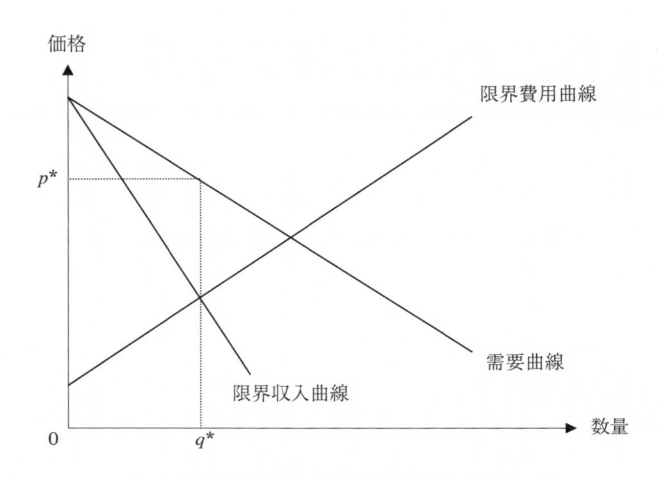

図2-1　需要曲線、限界費用曲線、限界収入曲線

2-2 独占企業の利潤最大化行動

では，独占企業はどのように生産量を決定するのだろうか。具体的にみていこう。ここでは生産量を決定することで，利潤最大化を図ると仮定する[2]。ある独占企業が直面する需要関数を$D=f(p)$，価格をp，生産量をq，総費用を$C=c(q)$で表そう。ただし，完全競争企業のケースと同じく，$c'(q)>0$かつ$c''(q)>0$とする。ここで，需要関数$D=f(p)$を逆に読む「逆需要関数」を$p=F(D)$と表そう。つまり，「価格が＊円のとき，需要量が＃個になる」という需要関数を「市場に＃個財があれば，＊円になる」と逆に読むのである。ただし，$F'(D)<0$つまり，需要曲線は右下がりであることを仮定する。

すると，この独占企業の利潤関数は

2　独占企業のケースでは「生産量を決定する」としても「価格を決定する」としても結論は変わらない。しかし，後に詳しく見るように，独占ではなくライバル企業が存在する「寡占」のケースでは生産量を決定するか，価格を決定するかで結果は大きく異なる。

$$\pi = pq - c(q)$$

となるが，逆需要関数を代入することでこの式は

$$\pi = F(D)q - c(q)$$

と書き換えられる。さらに，この財を供給する企業は1社のみであるので，需要量Dは独占企業の生産量qに置き換えることが出来る。したがって，この独占企業の利潤関数は

$$\pi = F(q)q - c(q)$$

と表される。では，これを最大にするqを求めよう。利潤最大化の一階の条件より

$$\frac{d\pi}{dq} = F(q) + F'(q)q - c'(q) = 0 \cdot\cdot\cdot (1)$$

$$\Rightarrow F(q) + F'(q)q = c'(q) \cdot\cdot\cdot (2)$$

が得られる。(2)式の左辺は企業の収入$F(q)q$を生産量で微分したものであり，僅かに生産量を増やした際の収入の増分を表している。これは**限界収入**と呼ばれる。右辺は限界費用なので，**独占企業は限界収入と限界費用を一致させるように生産量を決める**ことが分かる[3]。

ここで二階の条件も確認しておこう。(1)式をもう一度微分すると

$$\frac{d^2\pi}{dq^2} = 2F'(q) + F''(q)q - c''(q) \cdot\cdot\cdot (3)$$

が得られる。すると仮定より$2F'(q)$と$-c''(q)$は負であるが，$F''(q)q$の符号は定まっていないことが分かる。つまり$F''(q)q$が大きな正の値をとるなら，二

3 「独占企業は」としたが，実は完全競争企業でも同じことが言える。完全競争企業は価格と限界収入が常に一致しているのである。

階の条件は満たされない可能性があるのである。しかしながら，需要曲線が極端に原点に向かって窪んでいない限り二階の条件は満たされるので，ここでは$2F'(q)+F''(q)q-c''(q)<0$を仮定しよう。

図2-1の限界収入曲線を見ると，そこでは切片は需要曲線と同じで，傾きが需要曲線より急に描かれている。これは限界収入曲線

$$MR=F(q)+F'(q)q$$

を見ると理解できる。$q=0$のとき$MR=F(q)$，つまり限界収入曲線と需要曲線は一致する。しかしqが正の値を取ると$F'(q)q<0$であるので，MRは需要曲線$F(q)$より小さくなることが分かる。つまり，正の生産量である限り，限界収入曲線は需要曲線の下に位置するのである。そして，**図2-1**に描かれているように限界収入曲線と限界費用曲線の交点で（独占企業にとって）最適な生産量q^*が選ばれ，それに対応する価格p^*が決定される。

では，もう少し具体的に独占企業の利潤最大化問題を考えてみよう。ある独占企業が逆需要関数$p=90-q$に直面しているとしよう。この企業の費用関数が$C=(q^2/2)+5$で与えられているとき，利潤を最大にする生産量とその時の利潤を求めよう。まず利潤関数は

$$\pi=pq-C$$
$$=(90-q)q-\frac{q^2}{2}-5$$

と表される。利潤最大化の一階の条件より

$$\frac{d\pi}{dq}=90-3q=0$$
$$\Rightarrow q=30$$

が得られる。したがって，$q=30$のとき最大利潤1345を得ることが分かる。

2-3 独占市場の経済厚生

独占市場における経済厚生はどのようになっているだろうか？**図2-2**は独占市場における余剰を示している。△abp^*が消費者余剰，□p^*bcdが生産者余剰を表しており，それらを合わせたものが社会的余剰になる。先に見た完全競争企業のケースと比較するとどうだろうか。仮に完全競争時の市場全体の限界費用曲線が，独占企業の限界費用曲線と等しい（つまり，独占企業の限界費用曲線がそのまま供給曲線になる）としよう。完全競争では「価格＝限界費用」という結果になるため，明らかに，独占市場のケースの方が完全競争市場のケースより経済厚生は低くなることがわかる。あるいは，完全競争市場と比較せずとも，「社会的に望ましい生産量は？」と問われれば，それは限界費用曲線と需要曲線が交わったところ，すなわち「価格＝限界費用」となる生産量であるといえる。

後に詳しくみていくが，生産量の増加とともに平均費用が低下する「規模の経済」が存在する場合は一つの企業が独占的に生産を行う方が効率的になることが知られている。しかしながら，その場合でも上で見た独占による弊害（過少生産の問題）は発生する。では，その問題を解決するにはどうすれば良いだろうか？

一つには「国有化」あるいは「公営化」することが挙げられる。公営企業であれば，利潤最大化にこだわる必要はないので，社会的に望ましい生産量を達成することが（理論上）可能になるのである[4]。

二番目には独占企業の設定する価格を「規制」することが挙げられる。**図2-2**のp^*のような料金ではなく，価格＝限界費用に規制することで社会的に望ましい生産量が確保できるのである。電気やガス，鉄道料金の値上げに許可が必要なのはこのような理由もあると考えられる。

4　公企業の問題については**第14章**で扱う。

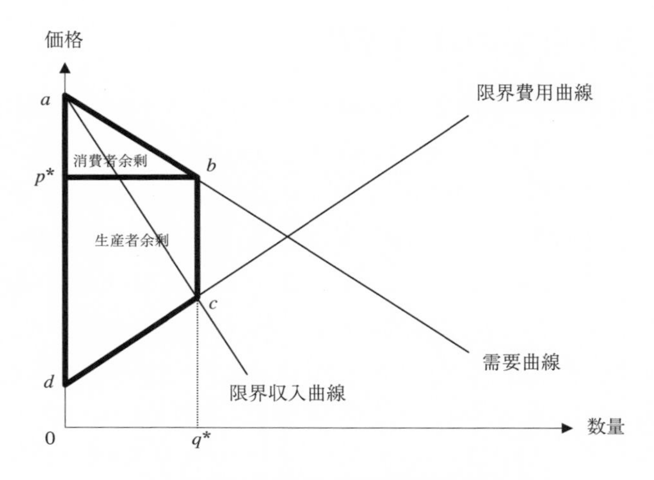

図2-2　消費者余剰、生産者余剰

以上，みてきたように，独占企業は価格の変化を認識した上で生産量を決定するため，価格を一定とみなす完全競争企業よりも分析は幾分か複雑になる。では，同じ財を生産する企業が複数いるケースはどのように考えれば良いだろうか。つまり，自由に価格を決めることは出来ないものの，個別企業がある程度の価格支配力を持つような場合である。次では，同じ財を2社の企業が生産する「複占市場」についてみていこう。

第3章 寡占市場(ⅰ)
―クールノー・モデル―

第2章では，企業が完全に価格支配力を持つ「独占企業」についてみてきた。しかし現実の経済では完全に価格支配力を持つ例はむしろマレで，ライバル企業との競争の結果として価格が決定されることがほとんどと言える。そこで次では，同じ財を生産する企業が複数（少数）存在する「寡占市場」についてみていこう。

3-1 クールノー・モデル

同じ財を生産する企業が2社存在するとしよう[1]。少数の企業が存在する市場は**「寡占市場」**と呼ばれるが，特に2社のみ存在する市場は**「複占市場」**と呼ばれる。ここでは，これら2社の企業が同時に生産量を決定することにより利潤最大化を図ると仮定しよう。そのようなモデルは**「数量競争」**，あるいはこのモデルを最初に分析した経済学者A.クールノーの名前から**「クールノー競争」**と呼ばれる。

さて，このような企業はどのように生産量を決定するだろうか。独占企業と最も違う点は**ライバル企業の生産量を考慮して自分の生産量を決定しないといけない**ということである。つまり完全競争企業とも異なり，ある程度は市場価格に影響力を持つが，独占企業のような完全な価格支配力は持たないのである。このようなクールノー・モデルでは**ライバル企業の生産量を所与として自分の生産量を決定する**と考えることになる。つまり「ライバル企業によって需要を奪われた分は仕方ない，残された需要量に関し利潤を最大化する生産量を決定しよう」ということである。あくまで同時に生産量を決定するので，「ライバル

1　3社以上存在するケースも以下と同様に考えることが出来る。より一般的なn社のケースに関しては**第6章**で扱う。

企業の生産量を見た上で自分の生産量を決定する」ということは出来ない。もっと噛み砕いて言うなら,「もしアイツが＊個生産するなら，俺は＃個生産しよう。もしアイツが＊＊個生産するなら，俺は＃＃個生産しよう。」と相手の行動を見る前に決めるしかないのである。

では具体的にクールノー競争企業の行動をみていこう。2社のクールノー競争企業（企業Aと企業B）が逆需要関数$p=F(D)$に直面しているとしよう。ただしpは価格を，Dは市場全体の需要量を表し，$F'(D)<0$を仮定する。企業Aの生産量をq_A，企業Bの生産量をq_B，企業Aと企業Bの費用関数は同一で，自分の生産量の関数として$C=c(q)$と表すこととする。ただし$c'(q)>0$としよう。すると，企業Aの利潤関数は

$$\pi_A = pq_A - c(q_A)$$

$$= F(D)q_A - c(q_A)$$

と表される。ここで企業がAとBの2社しかいないことを考慮すると，この利潤関数は

$$\pi_A = F(q_A + q_B)q_A - c(q_A)$$

と書きかえることができ，企業Aはこの利潤関数を最大にするように生産量q_Aを決定するのである。このモデルにおける内生変数（モデルの中で決定される変数）はq_Aとq_Bであるが，上述のように企業Aはライバル企業の生産量を所与として行動する，つまりq_Bを一定と考えて，自分の生産量を決めることになる。すると，利潤最大化の一階の条件より

$$\frac{\partial \pi_A}{\partial q_A} = \frac{\partial F(q_A + q_B)}{\partial q_A}q_A + F(q_A + q_B) - c'(q_A) = 0 \cdot \cdot \cdot (1)$$

$$\Rightarrow \frac{\partial F(q_A + q_B)}{\partial q_A}q_A + F(q_A + q_B) = c'(q_A) \cdot \cdot \cdot (2)$$

が得られる[2]。企業Aは企業Bの生産量に対し，(1)式を満たすよう生産量を決定する（反応する）ので，(1)式（あるいは(2)式）は**反応関数**と呼ばれる。また，(2)式の左辺は限界収入，右辺は限界費用を表しており，独占企業のケースと同様，**限界収入と限界費用を一致させることが利潤最大化の条件**となることがわかる。企業Bに関しても同様であるので，企業Bの利潤最大化条件は

$$\frac{\partial F(q_A+q_B)}{\partial q_B}q_B+F(q_A+q_B)=c'(q_B)\cdot\cdot\cdot(3)$$

で与えられる。すなわち，**クールノー・モデルとは(2)，(3)の２つの式から２つの変数q_Aとq_Bを求める連立方程式体系である**ことがわかる。

では，もう少し具体的にクールノー・モデルを解いてみよう。企業Aと企業Bが逆需要関数$p=a-bQ$に直面しており，企業Aと企業Bの費用関数がそれぞれ$C_A=c_Aq_A$と$C_B=c_Bq_B$で与えられているとする[3]。ここでpは価格，Qは総生産量（あるいは市場全体の需要量），q_Aとq_Bはそれぞれ企業Aと企業Bの生産量を表しており，a，b，c_A，c_Bはある正の定数で$a>c_A$かつ$a>c_B$としよう。すると企業Aの利潤関数は

$$\begin{aligned}\pi_A&=pq_A-C_A\\&=(a-bQ)q_A-c_Aq_A\\&=(a-b(q_A+q_B))q_A-c_Aq_A\end{aligned}$$

と表される。利潤最大化の一階の条件より

2　独占市場のケースと同様に，二階の条件は満たされていると仮定する。

3　つまり限界費用は一定($c''(q)=0$)となる。寡占市場においては，線形の需要関数を仮定すれば，限界費用は一定でも二階の条件を満たすことが簡単に確認できる。

$$\frac{\partial \pi_A}{\partial q_A} = a - 2bq_A - bq_B - c_A = 0$$

$$\Rightarrow q_A = \frac{a - bq_B - c_A}{2b} \quad \cdots (4)$$

が得られ，(4)式が企業Aの反応関数となる。企業Bに関しても同様であるので，企業Bの
反応関数は

$$q_B = \frac{a - bq_A - c_B}{2b} \quad \cdots (5)$$

と表される。

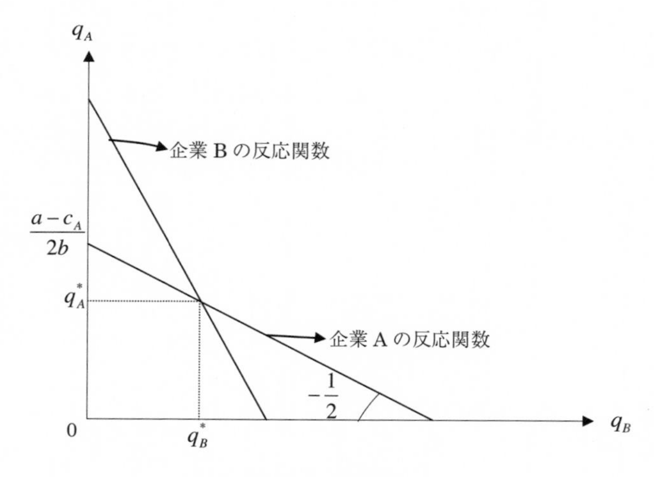

図3-1　反応関数

図3-1は反応関数の例が示されている。もちろん，各パラメータや外生変数の大きさにより傾きや切片の大きさは変化する[4]。すると，(4)，(5)式を連立方程式として解くことで，

$$q_A = \frac{a - 2c_A + c_B}{3b} \ (\equiv q_A^*)$$

$$q_B = \frac{a - 2c_B + c_A}{3b} \ (\equiv q_B^*)$$

が得られる。これが両企業の最適生産量であり，**クールノー均衡（あるいは，クールノー＝ナッシュ均衡）**と呼ばれる。**図3-1**の反応関数の交点でこのクールノー均衡が表されている。

3-2 独占市場との比較

では，独占市場とクールノー複占市場では，どのような違いがあるだろうか。ここで$c_A = c_B (\equiv c)$とすると，上でみてきたクールノー複占市場における均生産量と均衡価格は

$$\begin{aligned} Q^* &= q_A^* + q_B^* \\ &= \frac{a-c}{3b} + \frac{a-c}{3b} \\ &= \frac{2(a-c)}{3b} \cdots (6) \end{aligned}$$

4　定数として与えられたものの中で，経済学的に意味のある定数を「外生変数」，経済学的には意味を持たない定数を「パラメータ」と呼ぶ。例えば，このモデルで使用されているc_Aとc_Bは限界費用（あるいはこの場合，平均費用）を表しており外生変数であると言える。他方，aとbは特別意味のないパラメータであると言えるが，aは需要規模を表していると解釈するなら外生変数であるとも言える。

$$p^* = \frac{a+2c}{3} \cdots (7)$$

となる。他方，もしこの市場が企業Aの独占状態であれば，(4)式に$q_B=0$を代入することで，以下のように総生産量と価格を得る。

$$q_A^{**} = \frac{a-c}{2b} \cdots (8)$$

$$p^{**} = \frac{a+c}{2} \cdots (9)$$

(6)式と(8)式を比較すると明らかに独占のケースの方が生産量は小さくなることが分かる。また，(7)式と(9)式を比較すると，独占のケースの方が価格は高くなることが分かる。一般に，**同じ財を生産する企業数が増えるほど，総供給量は多く，価格は安く**なるのである。したがって，企業数が多くなるほど，消費者余剰は大きくなる[5]。

また，もしここでみてきた複占企業がカルテルを結び，(8)式で示される独占企業のケースの生産量を両者で半分ずつ生産したとすると，クールノー均衡で得られる利潤より多くの利潤が得られることが簡単に確認できる。つまり，両者にとってより良い生産量があるにもかかわらず，クールノー競争の結果，その生産量が達成されることはないのである。このような状況は一般に**「囚人のジレンマ」**と呼ばれる[6]。

ここでみてきたクールノー・モデルは現代の産業組織論においても，理論分

5　ただし，後に見るように「規模の経済」が存在する場合，企業数が増え過ぎるとかえって社会的余剰が減少する。

6　より正確には，各企業が「カルテルを維持する」か「カルテルを破る」かを同時に1回だけ選択するならば，両者とも「カルテルを破る」を選び，それが囚人のジレンマとなる。また，カルテルに関しては**第12章**も参照のこと。

析を行う際には盛んに用いられており，政府の産業政策の策定などにも大いに生かされている。しかし，読者の中には「企業は生産量ではなく，価格を決めているのではないか？企業が価格を設定した結果，それに対応する需要量が決まるのではないか？」と不思議に思っている者も多いだろう。そこで次では，企業が生産量ではなく，価格を決めることで利潤最大化を図る「価格競争」についてみていこう。

第4章 寡占市場(ii) ーベルトラン・モデルー

第3章では寡占企業が同時に生産量を決定することで利潤最大化を図る「クールノー・モデル」についてみてきた。では，企業が価格を決定することにより利潤を最大化するケースはどのように考えればよいだろうか。この章では「価格競争」についてみていこう。

4-1 ベルトラン・モデル

寡占市場において，企業が価格を決定することで利潤最大化を図るモデルは**「価格競争」**もしくは，このモデルを最初に分析した経済学者J.ベルトランの名前から**「ベルトラン競争」**と呼ばれる。独占企業では「生産量を決定する」としても「価格を決定する」としても結果は同じであったが，寡占企業ではずいぶんと事情が異なってくる。では，**第3章**と同じ複占モデルを使いベルトラン競争をみていくこととしよう。

同じ財を生産する企業が2社存在するとしよう。これら2社の企業（企業Aと企業B）は同時に価格を決定することにより利潤最大化を図ると仮定する。この場合，各企業はライバル企業の価格を所与として自分の価格を決定すると考える他ない。つまり，「もし企業Bが＊円の価格を付けるなら，自分は＃円にしよう。企業Bが＊＊円の価格を付けるなら，自分は＃＃円にしよう。」と相手の行動を見る前に考えるしかないのである。あくまで同時に価格を決定するので，ライバル企業の価格を観察してから，自分の価格を決めることは出来ない。

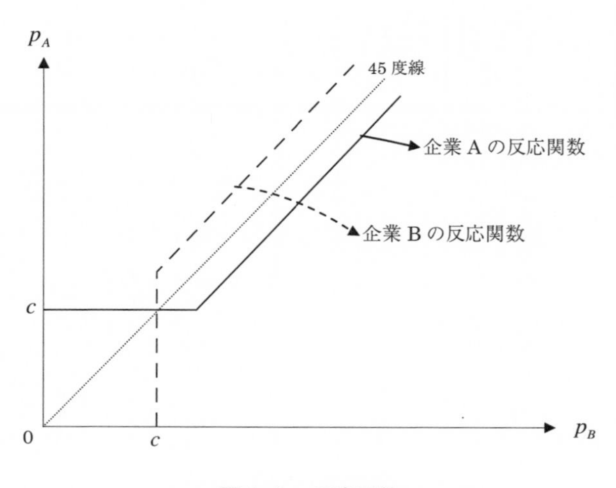

図4-1　反応関数

企業Aと企業Bの費用関数はそれぞれ$C_A = cq_A$と$C_B = cq_B$で与えられているとしよう。ここでq_Aとq_Bはそれぞれ企業Aと企業Bの生産量を表しており，cはある正の定数である。すなわち，前回の「数量競争」の前提を「価格競争」に変えたのみで，他の設定は同様であるとしよう。では，この時の均衡価格，均衡生産量はどのように求められるだろうか。実はここでは複雑な計算を行う必要はないのである。

企業Aの設定する価格をp_A，企業Bの設定する価格をp_Bとしよう。するともし$p_A > p_B$ならどんなことが起こるだろうか。そう，同質財を生産している以上，企業Bよりも少しでも高い価格を付けてしまうと，企業Aの財は全く売れなくなってしまうだろう。つまり，**同質財の価格競争ではライバル企業より高い価格を付けることは不可能になる**のである。言い換えると，ライバル企業より僅かに低い価格を付けることで需要の全てを奪うことが出来ることになる。

図4-1では横軸に企業Bの価格，縦軸に企業Aの価格を取り，企業Aと企業Bの反応関数を描いている。45度線上では$p_A = p_B$となるので，企業Aの反応関数は45度線よりも僅かに下に位置することになる。そうすることで全て

の需要を奪い，利潤を最大化出来るのである。しかし，永遠に価格を下げ続けることは出来ない。このモデルでは限界費用cを下回ると生産をやめた方がマシになってしまい，反応関数はcの水準で水平になる。このことは企業Bにとっても同じである。結局，$p_A = p_B = c$となるところで反応関数が交わることになり，これが均衡価格となる。驚くべきことに，**同質財のベルトラン・モデルでは2社しか存在しない市場でも，完全競争と同じ「価格＝限界費用」となる**のである。しかし，「数量競争」から「価格競争」に設定を変更するだけで，このような劇的な変化が生まれるのは幾分か奇妙にも感じられる。また，2社しか企業が存在しないにもかかわらず，企業が無数に存在する完全競争の帰結と同じになるというのも理解しにくいものがあるだろう。しかしながら，論理的に考えると，この結果は正しいと言わざるを得ない。この奇妙さから，ここでの結果は**「ベルトラン・パラドックス」**と呼ばれている。

なぜこのような結果になるのだろうか。その理由の一つには「同質財」の仮定がある。例えば，トヨタと日産は同じ自動車メーカーとしてライバル関係にあるが，両企業は全く同じ自動車を作っているわけではない。品質やデザインなどは**差別化**されており，ライバルより低い価格を付けたからといって，需要の全てを奪うことが出来るわけではないのである。また，他の理由としては「取引コスト」の存在が挙げられよう。東京に住んでいるあなたが100円安いからといって，横浜までジュースを買いに行くことはないだろう。つまり，財の取引には様々なコストが掛かるために，ライバルよりも高い価格だからといって，全く売れなくなるとは限らないのである。

さらに重要なのは「生産制約」の問題であろう。「価格＝限界費用」となると大きな需要が発生するが，わずか2社の企業でその需要のすべてを生産することは難しいかもしれない。つまり，生産量に制約があれば，「価格＝限界費用」となるまで価格が下落することはないのである。

このように，現実には上で見たような極端なベルトラン・パラドックスが発生することはなかなか考えにくいといえよう。しかし，それでも**企業にとって価格競争は数量競争よりも厳しい競争である**ということはいえるであろう。では，次では同質財の仮定を外し，財の差別化が存在する場合の価格競争についてみていこう。

4-2 水平的製品差別

企業の生産する財が同質ではなく，ライバル関係（代替関係）や補完関係にあるようなケースを考えてみよう[1]。このような財は**「差別化財」**と呼ばれる。

価格競争を行っている企業Aと企業Bが水平的に差別化された財を生産しており，費用関数はそれぞれ$C_A=cq_A$と$C_B=cq_B$で与えられているとしよう。ここでq_Aとq_Bはそれぞれ企業Aと企業Bの生産量を表しており，cはある正の定数である。また両企業が直面する逆需要関数は$p_A=\alpha-q_A-\beta q_B$および，$p_B=\alpha-q_B-\beta q_A$と表されるとしよう。ここでp_Aとp_Bはそれぞれ企業Aと企業Bの財の価格を，αはある正の定数で$\alpha>c$，βは財の差別化の程度を表す外生変数で，$-1<\beta\leq1$とする。つまり，もしβが負の値をとるのであれば両企業の財の間には補完関係が，正の値をとるのであれば代替関係が存在することを意味している。そして$\beta=0$であれば，無関係になる。すると，企業Aの利潤関数は

$$\pi_A=p_Aq_A-cq_A$$

となる。2つの逆需要関数を連立し，需要関数を導くと

$$q_A=\frac{\alpha(1-\beta)-p_A+\beta p_B}{1-\beta^2}$$

が得られ，これを利潤関数に代入すると

1 補完関係とは「コーヒーと砂糖」や「ゲーム機本体とそのソフト」のような財の組み合わせを指す。つまりライバル関係とは逆で，コーヒーの需要が増えると，それに合わせて砂糖の需要も増加するような関係である。また製品差別については**第11章**でも扱われる。

$$\pi_A = (p_A - c)\left(\frac{\alpha(1-\beta) - p_A + \beta p_B}{1-\beta^2}\right)$$

となる。すると，利潤最大化の一階の条件より，企業Ａの反応関数

$$\frac{\partial \pi_A}{\partial p_A} = \frac{\alpha(1-\beta) - 2p_A + \beta p_B + c}{1-\beta^2} = 0$$

$$\Rightarrow p_A = \frac{\alpha(1-\beta) + \beta p_B + c}{2} \quad \cdots (1)$$

が得られる。これは企業Ｂについても同様なので，企業Ｂの反応関数は

$$p_B = \frac{\alpha(1-\beta) + \beta p_A + c}{2} \quad \cdots (2)$$

と求められる。(1)，(2)式より，**ベルトラン均衡（ベルトラン＝ナッシュ均衡）**

$$p_A = p_B = \frac{\alpha(1-\beta) + c}{2-\beta}$$

が得られるのである。もし$\beta = 0$なら，両企業の財は無関係になるので，独占企業の価格$(\alpha + c)/2$が得られ，もし$\beta = 1$，つまり同質財であれば，両企業の財の価格はcとなり，価格と限界費用が一致する（ベルトラン・パラドックスが発生する）ことがわかる。

以上のように，財が差別化されている市場では，価格競争が行われていても，限界費用と価格が一致することはない。しかし，ここでは差別化の程度を外生的に扱ってきたが，これは本来，企業自身が選択すべきものである[2]。すると，差別化の程度や財の品質の選択が企業利潤，および消費者余剰に与える影響と

2　短期的には財の品質や種類を変更することは難しいため，これらを外生変数とすることは不可思議なことではない。しかし，長期的には企業自身が差別化の程度も決定しているはずである。

はどのようなものだろうか。これらの疑問は**第11章**でみていく。

4-3 現実におけるクールノー・モデルとベルトラン・モデル

さて，この章ではベルトラン・モデルについて検討してきたが，現実の経済では，企業は生産量を決定していると考えた方が自然だろうか。それとも価格を設定していると考えるべきだろうか。一つの解釈として，短期的には「価格競争」，長期的には「数量競争」を行っていると考えることができる。通常，価格の調整はかなり迅速に行える一方で，生産設備の拡張や人員の削減などを伴う生産量の調整にはある程度の時間がかかる。つまり分析の時間軸を長くとるか短くとるかの問題であると考えられるのである。

また，農作物などでは作付けが終われば，その後，生産者が生産量を調整することは困難であるが，価格は柔軟に変化する。このような場合，生産者の間では数量競争が行われていると考えられる。他方，大手の飲食店などは一度価格を掲げれば，その後の変更は（少なくとも短期的には）困難であるが，販売量の変更は可能である。このような場合，価格競争が行われていると考えられる。つまり，クールノー・モデルとベルトラン・モデルのどちらが正しい，正しくないということではなく，分析する財や状況などに応じ，これらのモデルを使い分けることが重要であるといえよう。

ここまでクールノー・モデルとベルトラン・モデルという寡占市場を分析する際の最も基本的な2つのモデルをみてきた。これらのモデルに共通することは「企業が同時に戦略を決定する」ということである。これはある程度，対等な企業同士の競争を想定していると考えられる。これに対し，市場に強大なリーダー企業が存在し，他の企業を引っ張っているような状況ではクールノー・モデルやベルトラン・モデルのような「同時に戦略を決める」との想定は適切ではないかもしれない。その場合，戦略の決定に順番がある，つまりリーダーが決めた戦略をみて，その他の企業がそれに追随すると考えるべきであろう。そのとき，これまでに得られた結果はどのように変更されるだろうか。

次では企業の行動に時間差のある「シュタッケルベルク・モデル」についてみていこう。

第5章 寡占市場(iii) ーシュタッケルベルク・モデルー

これまでみてきた寡占モデルでは，企業が同時に戦略を決定することが前提となっていた。ある程度，対等な企業同士の競争であれば，それは妥当な想定と言えよう。しかし，現実には戦略の決定に順番があると考えた方が良いケースも考えられる。例えば，日本のビール市場はキリン，アサヒ，サントリー，サッポロが市場の99％以上を占めているが，特にキリンとアサヒだけで市場の約7割を占める[1]。すると，この2社がリーダーとなって行動し，それをみてから他のメーカーが追随していると考えた方が自然かもしれない。この章では戦略の決定に時間差のあるシュタッケルベルク・モデルをみていこう。

5-1 シュタッケルベルク・モデル

企業Aと企業Bが同質財を生産しているとしよう。市場の逆需要関数は$p=F(D)$で与えられており，pは価格を，Dは市場全体の需要量を表し，$F'(D)<0$を仮定する。企業Aの生産量をq_A，企業Bの生産量をq_B，企業Aと企業Bの費用関数は同一で，自分の生産量の関数として$C=c(q)$と表そう。ただし$c'(q)>0$とする。ここで**企業Aが先に生産量を決定し，それを観察してから企業Bが生産量を決定する**としよう。もちろん，企業Aが先に決めた生産量は，後から変更はできない。このようなモデルはこれを最初に分析した経済学者H.シュタッケルベルクの名前から**シュタッケルベルク・モデル**と呼ばれている。また，先に戦略を決める企業Aは**シュタッケルベルク・リーダー（先導者）**，後に戦略を決める企業Bは**シュタッケルベルク・フォロワー（追随者）**と呼ばれる。

1　高い市場シェアを誇る大企業と低い市場シェアの中小企業で競争が行われる市場は「ガリバー型寡占市場」と呼ばれる。

さて，これらの企業はどのように利潤最大化を行うだろうか。まずリーダーである企業Ａからみていこう。企業Ａは先に行動するのだが，このとき**企業Aの決めた生産量を見た企業Bがどのように行動するのかを予想して決める**と考えるのが合理的であろう。つまり，「自分が生産量を＊にすれば，アイツは＃だけ生産してくるだろう。それなら・・・」と相手の行動を予想して自分の生産量を決めるのである。これは同時に戦略を決めるとしてきたこれまでのモデルでは考えられないことである。なぜなら，同時に決める以上，自分の行動によって相手が行動を変えるとは考えられないためである[2]。すると，企業Ａは企業Ｂがどのように行動するかを考えてから，自分の戦略を決定することになる。

このように考えてくると，非常に興味深いことに気づくであろう。それは，時間の流れは

「企業Ａが生産量を決定」⇒「企業Ｂが生産量を決定」

となっているのだが，分析をする際には

「企業Ｂの行動を分析」⇒「（それを踏まえて）企業Ａの行動を分析」

と考えなくてはならないということである。時間の流れのあるモデルは一般にこのように時間の流れとは逆に解くことで適切な解が得られることが知られており，この解法を**バックワード・インダクション（逆向き推論法）**と呼ぶ。

ではまず，企業Ｂの行動を分析していこう。企業Ｂの利潤関数は

2　理解しにくければ，「じゃんけん」を思い浮かべよう。同時に戦略（グー，チョキ，パー）を決めるじゃんけんは，自分の戦略によって相手が戦略を変えるなどと考えることは出来ない。もし，じゃんけんに順番があるのなら，先に手を出す方は「自分がグーを出せば，相手は必ずパーを出す」と予想することになり，必ず勝負に負けることが予想出来る。したがって，そのような勝負には参加しないことが予想される。

$$\pi_B = pq_B - c(q_B)$$

$$= F(D)q_B - c(q_B)$$

$$= F(q_A + q_B)q_B - c(q_B)$$

と表される。企業Aの生産量 q_A はこのとき，すでに決定されているため，一定と考えて利潤最大化の一階の条件を導くと

$$\frac{\partial \pi_B}{\partial q_B} = \frac{\partial F(q_A + q_B)}{\partial q_B} q_B + F(q_A + q_B) - c'(q_B) = 0 \cdot\cdot\cdot (1)$$

$$\Rightarrow \frac{\partial F(q_A + q_B)}{\partial q_B} q_B + F(q_A + q_B) = c'(q_B) \cdot\cdot\cdot (2)$$

と反応関数が得られる。これは形式的にはクールノー・モデルで得られた反応関数と同じであることが確認できる。

次に企業Aの行動をみていこう。企業Aの利潤関数は

$$\pi_A = F(q_A + q_B)q_A - c(q_A)$$

だが，ここで企業Aは企業Bの生産量 q_B が(1)式（あるいは(2)式）に従って決定されることを知っており，そのことを考慮した上で利潤最大化を行う。つまり，ここでは**q_Bはq_Aの関数となっている**のである。したがって，企業Aの利潤関数は

$$\pi_A = F(q_A + q_B(q_A))q_A - c(q_A)$$

と表される。すると利潤最大化の一階の条件より

$$\frac{\partial \pi_A}{\partial q_A} = \frac{\partial F(q_A + q_B(q_A))}{\partial q_A} q_A + \frac{\partial F(q_A + q_B)}{\partial q_B} \frac{dq_B(q_A)}{dq_A} q_A$$

$$+F(q_A+q_B(q_A))-c'(q_A)=0 \cdot\cdot\cdot (3)$$

$$\Rightarrow \frac{\partial F(q_A+q_B(q_A))}{\partial q_A}q_A+\frac{\partial F(q_A+q_B)}{\partial q_B}\frac{dq_B(q_A)}{dq_A}q_A$$

$$+F(q_A+q_B(q_A))=c'(q_A) \cdot\cdot\cdot (4)$$

が得られる。つまり，企業Aは(3)式（あるいは(4)式）を満たすよう生産量を決定するのである。(二階の条件は満たされていると仮定する。)

さて，ここからどのようなことが分かるだろうか。(4)式を**第3章**で見たクールノー・モデルと比較してみよう。するとクールノー・モデルで得られた反応関数では，(4)式の左辺第二項が存在しないことが分かる。そこで，この項に注目すると，仮定より$\partial F(q_A+q_B)/\partial q_B$は負であるが，$dq_B(q_A)/dq_A$の符号は定まっていないことがわかる。実は$dq_B(q_A)/dq_A$の符号は(1)式を使って判別することが出来るのだが，ここでは負になるとして話を進めよう。なぜなら，同質財である以上，企業Aの生産量の増加は企業Bの生産量を減少させると考えるのが自然なためである。すると，クールノー・モデルで得られた反応関数に比べ，(4)式では左辺がプラスに傾くことが確認できる。つまり，**限界収入が大きくなる**のである。限界収入とは生産量を1単位増やした際の収入の増分であるので，それが大きくなれば，企業は生産量を増やすことが出来る。つまり，ここでの**シュタッケルベルク・リーダーはクールノー競争企業よりも生産量を増やすことが可能になる**のである。したがって，より多くの利潤を獲得することが可能となる。

では，企業Bはどうだろうか。企業Bの反応関数はクールノー競争企業と同じである。すると，企業Aが生産量を拡大した分，クールノー競争企業より生産量を減少させてしまうことが分かる。つまり，ここでの**シュタッケルベルク・フォロワーはクールノー競争企業よりも利潤が減少してしまう**のである。

5-2 シュタッケルベルク・モデルの具体例

ではもう少し具体的にシュタッケルベルク・モデルを解いていこう。企業Ａと企業Ｂが逆需要関数$p=a-bQ$に直面しており，企業Ａと企業Ｂの費用関数がそれぞれ$C_A=c_Aq_A$と$C_B=c_Bq_B$で与えられているとしよう。ここでpは価格，Qは総生産量（あるいは市場全体の需要量），q_Aとq_Bはそれぞれ企業Ａと企業Ｂの生産量を表しており，a，b，c_A，c_Bはある正の定数で$a>c_A$かつ$a>c_B$とする。また，企業Ａがシュタッケルベルク・リーダー，企業Ｂがシュタッケルベルク・フォロワーであるとしよう。すると企業Ｂの利潤関数は

$$\pi_B=pq_B-C_B$$

$$=(a-bQ)q_B-c_Bq_B$$

$$=(a-b(q_A+q_B))q_B-c_Bq_B$$

と表される。すると，利潤最大化の一階の条件より

$$\frac{\partial\pi_B}{\partial q_B}=a-2bq_B-bq_A-c_B=0$$

$$\Rightarrow q_B=\frac{a-bq_A-c_B}{2b}\quad\cdots(5)$$

が得られる。次に企業Ａの利潤関数は

$$\pi_A=pq_A-C_A$$

$$=(a-bQ)q_A-c_Aq_A$$

$$=(a-b(q_A+q_B))q_A-c_Aq_A$$

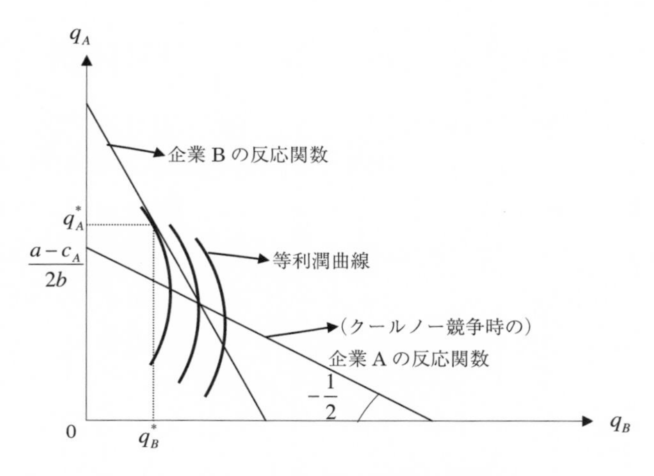

図5-1　シュタッケルベルク均衡

であるが，ここで q_B は(5)式に従って決定されることを企業Aは知っている。そこで(5)式を代入すると，企業A利潤関数は

$$\pi_A = \left(a - b\left(q_A + \frac{a - bq_A - c_B}{2b}\right)\right)q_A - c_A q_A$$

$$= \left(\frac{a - bq_A + c_B}{2} - c_A\right)q_A$$

と書き直すことが出来る。すると，利潤最大化の一階の条件より

$$\frac{d\pi_A}{dq_A} = \frac{a - 2c_A + c_B}{2} - bq_A = 0$$

$$\Rightarrow q_A = \frac{a - 2c_A + c_B}{2b} (\equiv q_A^*)$$

が得られる。これが企業Aの最適生産量である。さらにこれを(5)式に代入すると，

$$q_B = \frac{a + 2c_A - 3c_B}{4b} (\equiv q_B^*)$$

が得られる。これらは**シュタッケルベルク均衡**と呼ばれる[3]。するともし，$c_A = c_B$ つまり生産量を決める順番が異なるだけで，他が全て同じであれば，明らかに**シュタッケルベルク・リーダーの方が高い利潤が得られる**ことが分かる。これを**ファースト・ムーバー・アドバンテージ**と呼ぶ。

図5-1では企業Aの**等利潤曲線**が描かれている。等利潤曲線とは，同じ利潤をもたらす生産量の組み合わせを表すもので，左に位置する等利潤曲線ほど，高い利潤に対応している。また，クールノー競争を考えた際の反応関数が等利潤曲線の頂点の軌跡になる。なぜなら反応関数とは，ライバル企業の生産量を所与とした際に，自身の利潤が最も大きくなる生産量を示しているためである。

ここで，企業Aは企業Bの反応関数（反応曲線）を知っている，つまり，企業Bがこの曲線上で生産量を決めると知っていることに注目しよう。すると，企業Aにとって最も都合の良い生産量はどこだろう。言い換えると，企業Bの反応曲線上で企業Aの利潤が最も大きくなるのはどこだろうか。それは企業Bの反応曲線と企業Aの等利潤曲線が接する所である。そこが企業Bに選ばせることのできる最も左側の等利潤曲線であることがわかる。シュタッケルベルク・リーダーである企業Aの利潤はそこで最大になり，これがシュタッケルベルク均衡となるのである。

5-3 シュタッケルベルクの不均衡

ところで，ここでは企業Aがシュタッケルベルク・リーダーで企業Bがシュタッケルベルク・フォロワーであると仮定していたが，企業が自分でリーダーになるかフォロワーになるか選べるとしたら，どうだろうか。その場合，リー

3　またシュタッケルベルク均衡は「部分ゲーム完全均衡」でもある。部分ゲーム完全均衡については**第12章**を参照のこと。

ダーの方が高い利潤を得られることが分かっているため，**両企業ともリーダーになろうとする**と考えられる。とにかく早く，とにかく先に手を打とうとするような状況である。これは経済学者A.ボーリーの名にちなみ，**ボーリー的複占**と呼ばれる。このような場合，両企業ともリーダー，つまり結果的にクールノー競争と同じになるか，あるいは均衡そのものが存在しなくなる可能性があり，それは**シュタッケルベルクの不均衡**と呼ばれれる。

また，ここでみてきたシュタッケルベルク・モデルではファースト・ムーバー・アドバンテージが生じる，つまり先に行動する方が利潤は高くなることが確認できたが，しかし実は常にファースト・ムーバー・アドバンテージが発生するわけではない。例えば，価格競争においてシュタッケルベルク・モデルを考えると，リーダーよりもフォロワーの方が利潤は高まる，すなわち**セカンド・ムーバー・アドバンテージ**が発生することが知られているのである。[4]

ここまでの寡占市場の分析では寡占の中でも最も企業数の少ない「複占」のみを扱ってきた。これは企業数が3社，4社と増えたとしても，同様の手順で分析できるため，最も計算の求めやすい複占を例として示しただけであると言える。しかしながら，より一般的にn社の企業が存在する市場はどのように考えれば良いだろうか。また，これまでは暗黙のうちに新たな企業の参入はないと仮定してきたが，もし企業の参入が起こるとすれば，どれだけの企業が参入するだろうか。次ではこれらの問題を考えていこう。

---

4 直感的には，数量競争ではリーダーが大きな需要を獲得した後で，フォロワーがその残された需要で利潤最大化を図らないといけないため，リーダーの方が利潤は高まる一方，価格競争ではリーダーが付けた価格よりも安い価格をフォロワーが設定することで，需要の多くを奪うことが出来るため，フォロワーの方が利潤は高まると考えられる。

第6章 自由参入と独占度

これまでの分析では企業数は与えられたものとしてきた。短期的には企業数は変わらないものと考えても問題はなさそうだが，長期的には企業の数も市場競争の結果として決まるはずで，その場合，企業の参入や退出について考える必要がある。まず，n社の企業が存在するクールノー競争を分析した後，自由参入についてみていこう。

6-1 n企業のクールノー・モデル

第3章では2社の企業が存在するクールノー・モデルについて検討してきた。ここではより一般的にn社の企業が存在するクールノー・モデルをみていこう。すぐ分かることはn社の企業が存在するなら，一階の条件もn本導かれ，そのn本の方程式からn個の未知数を求めるモデルになるということである。すると，非常に大変な計算になりそうであるが，ここではそれをうまく処理する方法をみていこう。

同質財を生産するクールノー競争企業がn社存在し，逆需要関数$p=a-bQ$に直面しているとしよう。また，全ての企業の費用関数が$C=cq$で与えられているとする。ここでpは価格，Qは総生産量（あるいは市場全体の需要量），qは個別企業の生産量を表しており，a，b，cはある正の定数で$a>c$とする。すなわち，全ての企業は対称的（生産技術などが全て等しい）であることが仮定される。また，企業iの生産量をq_iとすると，市場の総生産量は$q_1+q_2+\cdots+q_n$，つまり$\sum_{i=1}^{n} q_i$と表すことができる。では，代表的企業を1社取り上げ，分析を行おう。

代表的企業を企業1とすると，その利潤関数は

$$\pi_1 = pq_1 - C$$

$$= (a - bQ)q_1 - cq_1$$

$$= \left(a - b\sum_{i=1}^{n} q_i\right)q_1 - cq_1$$

と表される。ここで下添え字1は企業1のそれであることを表している。すると，利潤最大化の一階の条件より

$$\frac{\partial \pi_1}{\partial q_1} = a - b\sum_{i=1}^{n} q_i - bq_1 - c = 0 \quad \cdot\cdot\cdot (1)$$

が得られる。すなわち，これと同様の一階の条件がn本求められ，それらから全ての企業の生産量が求められるのである。それは大変な作業のように思えるが，ここでは企業の対称性を利用することで，簡潔に処理することが出来る。

企業が対称的であるということは，(1)式の一階の条件が全ての企業に当てはまり，なおかつ，均衡においては生産量が等しくなることがわかる。したがって，均衡における1企業当たりの均衡生産量をq^*とすると(1)式より

$$a - bnq^* - bq^* - c = 0$$

が得られる[1]。するとq^*は

$$q^* = \frac{a - c}{b(1 + n)} \quad \cdot\cdot\cdot (2)$$

と求められる。これがn企業のクールノー均衡である。もし$n = 1$であれば，それは独占であり，独占企業の生産量$(a - c)/(2b)$が，$n = 2$であれば，それはクー

1 あくまで，「均衡では生産量が等しくなる」と想定できるのであり，均衡となる条件式（一階の条件）を求める前の段階では，この対称性を利用することはできない。

ルノー複占市場であり，複占企業のクールノー均衡$(a-c)/(3b)$が得られる。企業数が大きくなるほど，1企業あたりの生産量が減少することも明らかであろう。また，総生産量は

$$Q^* = \frac{n(a-c)}{b(1+n)} \cdot\cdot\cdot (3)$$

と求められる。

ここで，企業数が増加すると総生産量にどのような影響を与えるか確認しよう。(3)式をnで微分すると

$$\frac{dQ^*}{dn} = \frac{b(a-c)}{(b+bn)^2} > 0$$

が得られる。ここからわかることは，**企業数が増加するほど，1企業当たりの生産量は減少し，総生産量は増加する，すなわち価格は低下し，消費者余剰が増加する**ということである。このように企業の対称性をうまく利用すれば，企業数を一般的にnとしたクールノー・モデルも比較的容易に分析を行うことが出来るのである。

6-2 自由参入

これまでは大なり小なり，企業数は一定として扱ってきた。しかし長期的な視点で見ると，企業の自由な参入・退出が許される市場であれば，企業数も市場競争の結果として決定されるはずである。そこで次では自由参入の下でのクールノー・モデルを考えていこう。

先ほどと同じく，同質財を生産する対称的なクールノー競争企業がn社存在するとしよう。ただし，ここでは企業数nは外生変数ではなく，内生変数である。つまり，市場競争の結果として企業数が決定されるとする。具体的には，**企業の利潤が正である限り，参入が生じる**と考えよう。逆需要関数は

$p=a-bQ$で与えられ，個別企業の費用関数が$C=cq+F$で与えられているする。ここでpは価格，Qは総生産量（あるいは市場全体の需要量），qは個別企業の生産量を表しており，a，b，c，Fはある正の定数で$a>c$としよう。また，費用関数にあるF は生産量とは無関係に発生する固定費用である。（すぐ後で確認するが，この固定費用を置かないと企業数が決定できない。）すると，個別企業の利潤最大化問題に関しては先の分析と同様であるので，個別企業の生産量と総生産量はそれぞれ(2)式と(3)式で与えられる。

では企業数の決定についてみていこう。市場に参入している企業の利潤は

$$\pi=pq-C$$

$$=(a-bQ)q-cq-F$$

と表されるが，これに均衡生産量((2)式および，(3)式)を代入すると

$$\pi=\left(a-\frac{n(a-c)}{1+n}-c\right)\frac{a-c}{b(1+n)}-F\cdot\cdot\cdot(5)$$

を得る。自由参入が許された長期では，この(5)式で表される利潤がゼロになるまで参入が生じると考えられるのである。すると

$$\left(a-\frac{n(a-c)}{1+n}-c\right)\frac{a-c}{b(1+n)}-F=0$$

$$\Rightarrow n=\frac{a-c}{\sqrt{bF}}-1(\equiv n^*)$$

が得られる。これが自由参入モデルにおける均衡企業数である。ここで興味深いことは固定費用Fが大きくなるほど均衡企業数n^*は小さくなるということである。逆に言うと，固定費用がゼロに近づくにつれ，企業数は無限に発散し，固定費用の無いモデルでは企業数を定めることが不可能になる。

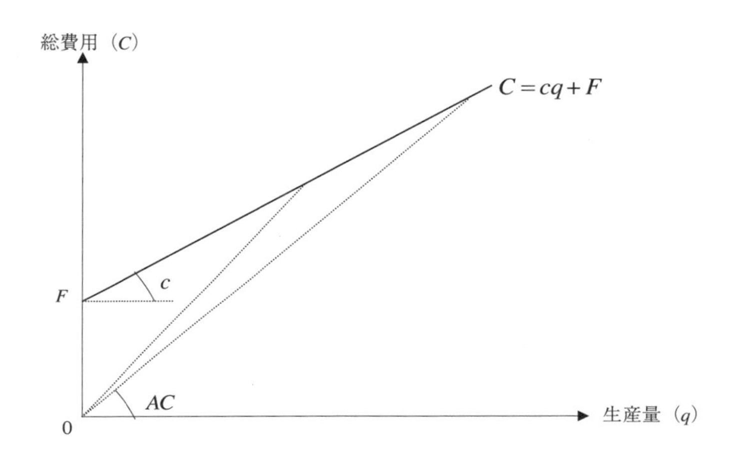

図 6-1　総費用曲線

この結果はどのように解釈できるだろうか。**図6-1**はこの企業の総費用曲線が描かれているが，このような固定費用と一定の限界費用から成る費用関数には大きな特徴がある。それは**生産量を増加させるにつれ平均費用（AC）が低下する**ということである。これは**規模の経済**と呼ばれ，規模の経済が存在すると，先に生産を始め需要を獲得した企業ほど低い平均費用の下で生産することが可能となり，新たな企業の参入が困難になるのである。したがって，この規模の経済が大きいと**自然独占**と呼ばれる状態（規制や特許などで守られていなくても，独占状態になる）が発生することになる。例えば，電力や鉄道などは初期投資の大きさに比べ，限界費用は小さいと考えられ，独占や寡占が発生する。

このようにして発生した独占や寡占は望ましいと言えるだろうか。まず，規模の経済により，一社が独占的に生産を行った方が効率的である（安く生産できる）ことが分かる。したがって，この意味では独占的に生産する方が望ましいと言えよう。しかしながら，企業数が減少するほど企業は市場支配力を持ち，価格が上昇してしまう。つまり，大きな規模の経済の発生する市場ではある程度，少数の企業で生産を行わせた上で，価格に規制を課すことが求められるのである。電力会社や鉄道会社の料金の改定に許可が必要なのにはこのような理由もあるだろう。

6-3 ラーナーの独占度

これまで様々な寡占市場をみてきたが，それらの市場の「独占度」はどのように測れば良いだろうか。単純に企業数の大小だけでそれを測ることは出来ない。なぜなら，独占市場であっても需要関数の形状により価格と限界費用が近づく場合があったり，財が同質的で価格競争が行われているような場合などは，寡占化が進んでも，かなり競争的な市場になったりするためである。またある企業を取り上げた時に，どこまでをライバル企業に含めるかを考えることが困難な場合もある（市場画定の問題）。例えば，マクドナルドとロッテリアは明らかにライバル企業同士であるが，マクドナルドとスターバックスがライバル企業同士かどうかはすぐには判断がつかないだろう。そこで独占度を測る指標として

L=(価格－限界費用)／価格

が考えられている。これは考案者である経済学者A.ラーナーの名前から，**ラーナーの独占度**と呼ばれるものである。完全競争では価格と限界費用が一致するため，$L=0$となる。つまり，Lが0に近いほど独占度が小さいと判断できるのである。

ここで独占市場を考え，価格をp，逆需要関数を$p=F(q)$，生産量をqとすると，利潤最大化条件が「限界費用＝限界収入」であることからラーナーの独占度は

$$L=\frac{p-F(q)-F'(q)q}{p}$$

$$= -F'(q)\frac{q}{p}$$

$$= -\frac{dF(q)}{dq}\frac{q}{p}$$

となることがわかる。他方,「価格が１％上昇した際，需要量が何％変化するか？」を表す**需要の価格弾力性**（ε）は

$$\varepsilon = -\frac{dq}{q}\Big/\frac{dp}{p}$$

$$= -\frac{dq}{dp}\frac{p}{q}$$

であり，これらから

$$\frac{1}{\varepsilon} = -\frac{dp}{dq}\frac{q}{p} = L$$

となることが分かる。つまり，**独占市場の均衡においてラーナーの独占度は需要の価格弾力性の逆数**になっているのである。

これは次のように解釈できよう。需要の価格弾力性が大きいとは，価格の変化に消費者が敏感に反応することであり，その結果，企業は価格を引き上げることが難しくなる。つまり，価格が限界費用に近づき，ラーナーの独占度は小さくなるのである。逆に需要の価格弾力性が小さいと，価格が限界費用を大きく上回っても，企業は需要を獲得することが出来る。したがって，需要の価格弾力性が小さいと，ラーナーの独占度は大きくなるのである。

これまで様々な寡占市場をみてきた。特に本章では企業数の増加や企業の自由参入，そして規模の経済が企業に与える効果を分析してきた。次では，クールノー・モデルとは別の寡占モデル「独占的競争」と「コンテスタブル市場」に

ついてみていこう。

第6章補論 発展的考察①
－自由参入クールノー市場と解の安定性－[1]

自由参入を伴うクールノー寡占市場は様々な経済学分野で利用され，重要な分析ツールとなっている。本章ではそのような市場におけるクールノー均衡の安定性について，特に離散型の調整過程を仮定し，考察する。

特に以下の二つの点が明らかになる。①企業数の増加は解の不安定性を増大させる。②生産量と企業数の調整速度の増加は，共に解の不安定性を増大させる。これらの結果はTheocharis (1960) 等で見られる自由参入を伴わない，すなわち企業数が外生的に与えられるクールノー寡占市場における解の安定性と整合的である[2]。

6補-1 クールノー均衡の安定性

では，自由参入と収穫逓増を伴うクールノー寡占市場の解の安定性についてみていこう[3]。まず，各企業の利潤関数を以下のように定義する。

$$\pi_i = px_i - cx_i - F, for\ \ i = 1, 2, ..., n \qquad (1)$$

ここで，pは逆需要関数，xはそれぞれの企業の生産量，cは一定の限界費用，Fは固定費用，下添え字iはi番目の企業のそれであることを示している。それぞれの企業はt-1期の産業全体の生産量を考慮して，t期の利潤を最大化する。また自由参入により，企業数は (1) 式で表された利潤がゼロになるように決定

1　初出 : Ikeda, T. (2006), "Stability of the Cournot solution and free entry: a note," *Australian Economic Papers*, vol. 45, Issue 4. ただし，大幅に改変した箇所がある。

2　Theocharis, R. (1960), "On the stability of the Cournot solution on the oligopoly problem," *Review of Economic Studies* 27.

3　ここでは，何らかの事情で生産量と企業数が均衡を外れた際，以降の期にそれらが均衡に向かって収束するのであれば「安定」とする。

される。

次に，以下のような財の生産量と企業数の調整過程を考えよう。

$$x_i(t)-x_i(t-1)=k(x_i^*(t)-x_i(t-1)),0<k\leq 1 \tag{2}$$

$$n(t)-n(t-1)=m(p(t-1)x_i(t-1)-cx_i(t-1)-F),0<m\leq 1 \tag{3}$$

ここで，$x_i(t)$と$x_i^*(t)$はそれぞれ，i番目の企業のt期における生産量とそのクールノー均衡値を，kはそれぞれの企業の生産量の調整速度を，$n(t)$はt期における企業数を，mは企業数の調整速度を表している。さらに本稿ではTheocharis（1960）同様，線形の需要関数

$$p(t)=a-\sum_{i=1}^{n(t)}x_i(t) \tag{4}$$

を仮定しよう。すると，利潤最大化の一階の条件より，

$$x_i^*(t)=\frac{a-(n(t-1)-1)x_j(t-1)-c}{2},(for\ \ i\neq j) \tag{5}$$

を得る。(5)式を(2)式に代入すると，

$$x(t)-x(t-1)=k\left(\frac{a-(n(t-1)+1)x(t-1)-c}{2}\right) \tag{6}$$

となり，(6)式と(3)式を線型化することで以下の式を得る。

$$\Delta x(t)=\left(1-\frac{k}{2}(n^{**}+1)\right)\Delta x(t-1)-\frac{k}{2}x^{**}\Delta n(t-1) \tag{7}$$

$$\Delta n(t)=-m(a-2x^{**}-c)\Delta x(t-1)+(1-mx^{**2})\Delta n(t-1) \tag{8}$$

ここで上添え字**は$x_i(t)-x_i(t-1)=0$と$n(t)-n(t-1)=0$の両方を満たす均衡値を表している。すると，この調整システムが安定的であるためには，以下の不等式が成立していなければならない[4]。

4　(9)式を得るために，(6)式から得られる$n^{**}=(a-c)/x^{**}-1$を利用している。

$$(E\equiv)\left|1-\frac{k(a-c)}{2x^{**}}+mx^{**2}(k-1)\right|<1 \qquad (9)$$

では，それぞれのケースに分けて，解の安定性を確認していこう。

ケース1：a－c＝3, F＝1, (n** ＝2)

$a-c=3$かつ$F=1$（すなわち，$n^{**}=2$）のとき，Eは

$$E=\left|1+k\left(m-\frac{3}{2}\right)-m\right| \qquad (10)$$

となる。ここで，生産量と企業数の調整速度はそれぞれ，$0<k\leq 1$と$0<m\leq 1$であるので，(10)式の右辺は常に1より小さいことが分かる。したがって，$n^{**}=2$のとき，この調整システムは安定的である。

ケース2：a－c＝4, F＝1, (n** ＝3)

$a-c=4$かつ$F=1$（すなわち，$n^{**}=3$）のとき，Eは

$$E=|1+k(m-2)-m| \qquad (11)$$

となる。すると，Theocharis (1960) で見られるような瞬時調整のケース（すなわち，$k=1$）では，(11)式は

$$E=|-1| \qquad (11')$$

となり，(11') 式はこのシステムがほぼ不安定であることを示している。これは企業数が固定的なTheocharis (1960) の結果と全く同一である。

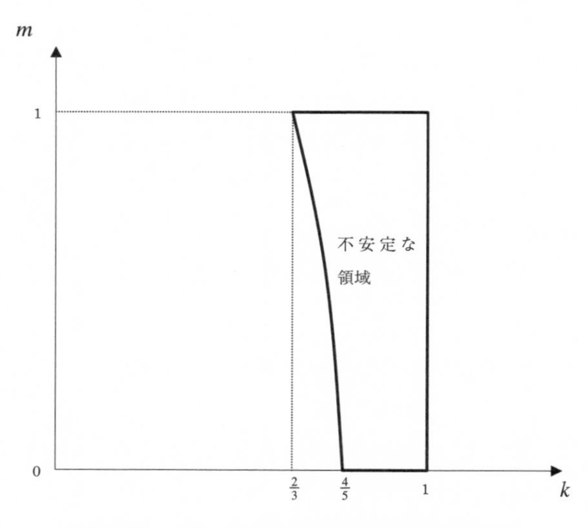

図6補-1　ケース3における不安定な領域

ケース3：a−c=5, F=1, (n** =4)

$a-c=5$かつ$F=1$（すなわち，$n^{**}=4$）のとき，Eは

$$E=\left|1+k\left(m-\frac{5}{2}\right)-m\right| \qquad (12)$$

となる。すると，$k>4/5$であれば，このシステムは不安定となることがわかる。さらに，$k\leq 4/5$であっても，もしmが十分に大きければ不安定となり得ることも確認される（**図6補-1**を参照のこと）。

ケース4：a−c=10, F=1, (n** =9)

$a-c=10$かつ$F=1$（すなわち，$n^{**}=9$）のとき，Eは

$$E=|1+k(m-5)-m| \qquad (13)$$

となる。すると，$k>2/5$であれば，このシステムは不安定となることがわかる。

さらに，$k \leq 2/5$であっても，もしmが十分に大きければ，やはり不安定となり得ることも確認される（**図6補-2**を参照のこと）。

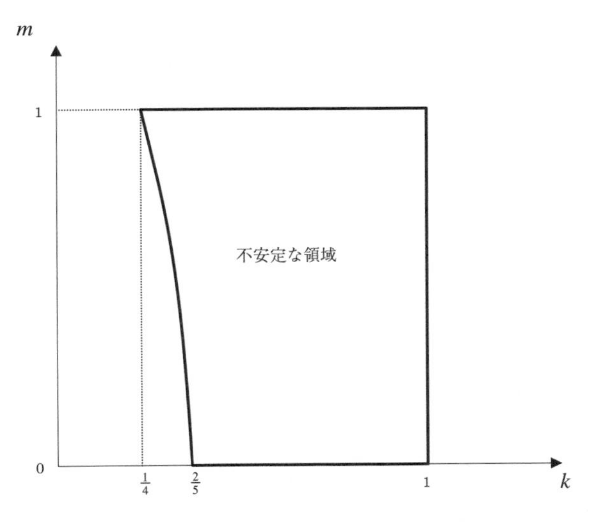

図6補-2　ケース4における不安定な領域

これらの例は生産量と企業数の調整速度が極端に遅い場合を除き，企業数が少し大きくなると，解は不安定になることを示している。

6補-2 結　　論

本章で得られた結果は，離散型の調整過程を考えた場合，クールノー均衡の安定性については，自由参入市場においても，従来考えられてきた固定的な企業数のケースと同様であることを示している。すなわち，収穫逓増を伴う自由参入寡占市場では，生産量と企業数の調整速度が増加するにつれ，もしくは企業数が増加するにつれ，均衡は不安定なものとなる。

第7章 コンテスタブル市場と独占的競争

第6章では，企業の自由な参入があるクールノー・モデルを分析してきた。ここでは，クールノー・モデルとは別の自由参入モデル，「コンテスタブル市場」と「独占的競争」についてみていこう。

7-1 コンテスタブル市場

ある財を生産する生産者が自分しかいなかったとしても，新たな企業の参入の恐れがあるなら，独占企業としての優位性を享受できるだろうか。つまり，今は自分だけでも，将来ライバル企業の参入の可能性があるなら，その参入の脅威に対処する必要に迫られるのではないだろうか。まず，この参入の脅威について考えていこう。

次のような市場を考える。今，ある財を生産している企業は1社だけだが，同質財を生産する新たな企業の「参入の脅威」があるとしよう。また，その新規参入企業と既存企業は同一の生産技術を持っているとする。つまり，もし新規の企業参入が生じれば，全く同じ条件で競争を行うことになる。さらに，**サンクコスト（埋没費用）**は存在せず，企業の参入・退出は自由に行えるとしよう。サンクコストとは固定費用のうちで，廃業した際に回収不可能な費用を指す。例えば，温泉を掘るには地質調査や掘削費用など多額の初期投資が必要となるが，その費用は温泉の営業でコツコツ賄っていくしかなく，もし営業を止めれば，相応の額で経営権を売却できない限り，無駄になってしまう。そのようなサンクコストは自由な参入・退出を妨げることになるが，ここではそれが無いとしよう。

以上の仮定を満たす市場は**コンテスタブル市場**と呼ばれる。コンテスタブル市場では参入の脅威があるため，独占企業であっても独占利潤を獲得することは出来ない。**図7-1**は限界費用が一定のケースのコンテスタブル市場を説明している。これまでに学んだ独占市場では，限界費用と限界収入が一致するように価格p^*が決定されていたが，コンテスタブル市場では事情が異なる。なぜなら，超過利潤が発生する状況（言い換えると，価格が平均費用を上回る状況）では，新たな企業の参入が生じると考えられるためである。つまり，既存企業はp^*のような価格で財を販売することは不可能になるのである。超過利潤が発生せず，新規の参入が起こらない価格とは限界費用（平均費用）と等しい価格であり，生産量はq_cになる。つまり，限界費用が常に一定のコンテスタブル市場では独占市場であっても，完全競争市場と同じ価格になるのである。これは以前学んだ「ベルトラン・パラドックス」と似た状況であるが，もし限界費用と平均費用が異なるなら，価格は平均費用と等しくなる。そこは「損益分岐点」と呼ばれ，限界費用よりは高い価格になるものの，超過利潤は発生しないことがわかる。

ここで興味深いことは，自由な参入が可能であれば，以前学んだような独占

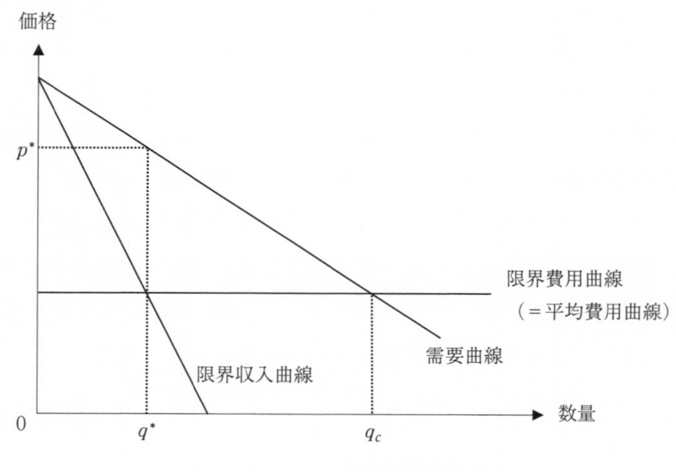

図 7-1　コンテスタブル市場

による弊害は発生しないということである。したがってこのモデルに基づくと，社会的余剰の大きさから見た市場の健全性に関しては，企業数ではなく，自由な参入・退出が確保されているかどうかが重要となる。

では，このモデルは現実の経済に対しどの程度，妥当性を持つだろうか。コンテスタブル市場の現実の例としてよく取り上げられるのは，「アメリカの航空産業」である。アメリカの航空産業は1970年代後半〜1980年代前半に大幅な規制緩和が行われ，航空業界に自由に参入することが可能になった。また航空機もレンタルすることが可能となったため，サンクコストも小さくなり，コンテスタブル市場に近づいたと考えられたのである。

さて，この結果，完全競争に近いようなパフォーマンスが達成されただろうか。実は様々な実証研究により，コンテスタブル市場の理論が予想したような結果にはならなかったことが明らかとなっている。そもそもコンテスタブル市場ではなかったということで意見が一致していると言って良いだろう。アメリカでは他にも通信や電力に関しても，コンテスタブル市場を成立させるよう規制緩和が進んだものの，結局，十分なコンテスタブル市場を成立させることは出来なかったと考えられている。

では，コンテスタブル市場の理論は意味の無いものなのだろうか。これに関しては，完全競争市場と同じで，一つの理論モデルの基礎と考えるべきであろう。完全競争市場が現実に観察されることがほぼないように，コンテスタブル市場もその極端な仮定のため，現実にはなかなか見出すことは出来ない。しかし，あくまで理論モデルの出発点であると考えれば，それを考察する意味は大きいと言えるだろう。

7-2 独占的競争

ある差別化された財を生産している寡占企業（企業1）を考えよう。その企業の需要関数は

$$q_1 = D_1(p_1, p_2, \cdots, p_i)$$

と表される。ここで，q_1は企業1の需要量，p_iは企業iの価格を表している。ただし，$\partial D_1/p_1<0$かつ，$\partial D_1/p_i>0, (i \neq 1)$としよう。つまり，自分の財の価格を上げれば，需要量は減少し，ライバルの価格が上がれば，需要量は増加するのである。またこの企業の費用関数は

$$C_1 = c_1(q_1)$$

と表され，$c_1'>0$かつ$c_1''>0$としよう。すると企業1の利潤関数は

$$\pi_1 = p_1 q_1 - c_1(q_1)$$

と表される。生産量を決定することにより利潤最大化を図るとすると，利潤最大化の一階の条件より

$$\frac{\partial \pi_1}{\partial q_1} = \frac{\partial p_1}{\partial q_1} p_1 + p_1 - c_1' = 0$$

$$\Rightarrow \frac{\partial p_1}{\partial q_1} p_1 + p_1 = c_1'$$

つまり，「限界収入＝限界費用」というお馴染みの結果が得られる。図7-2ではこのようにして決まった生産量と価格（q_1^*とp^*）が描かれている。このように財の差別化により独占的な市場を持ちつつ，代替的な財を生産するライバル企業に直面する状況は**独占的競争**と呼ばれる。

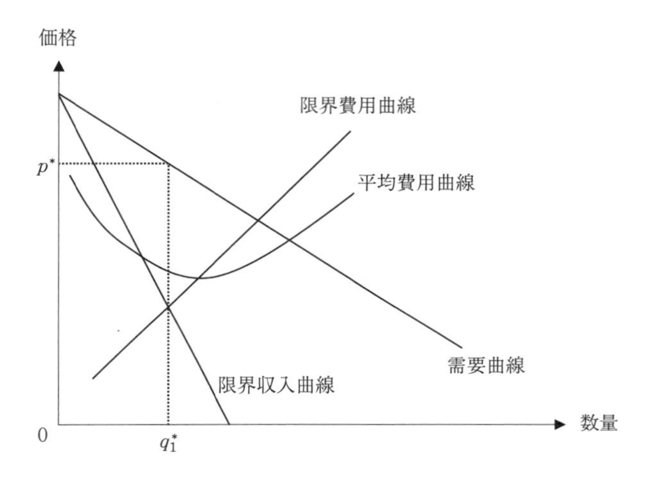

図7-2　独占的競争における短期均衡

独占的競争の話はこれで終わりではない。なぜなら，**図7-2**で描かれているように企業が超過利潤を得ている状況では新たな企業の参入が生じると考えられるためである。しかし，その新規参入は全く同じ財を生産するわけではない。差別化された代替的な財を生産することで，新規参入企業も超過利潤を得ることが出来るのである。すると，企業1の需要関数は

$$q_1 = D_1(p_1, p_2, \cdots, p_i, p_{i+1}, p_{i+2}, \cdots, p_{i+m})$$

となり，新規参入により，需要が小さくなってしまうことがわかる。つまり，長期的には需要曲線と平均費用曲線が接し，超過利潤はゼロになるのである（**図7-3**）。

ここでみてきたコンテスタブル市場と独占的競争は企業間の競争関係，あるいは戦略的関係よりも，規模の経済性や需要関数の変化といった市場構造に注目するモデルであるといえよう。これに対し，クールノー・モデルでは企業間の戦略的関係に焦点が当てられており，どのような問題を扱うのかによってモデルを選択する必要があると言えるだろう。

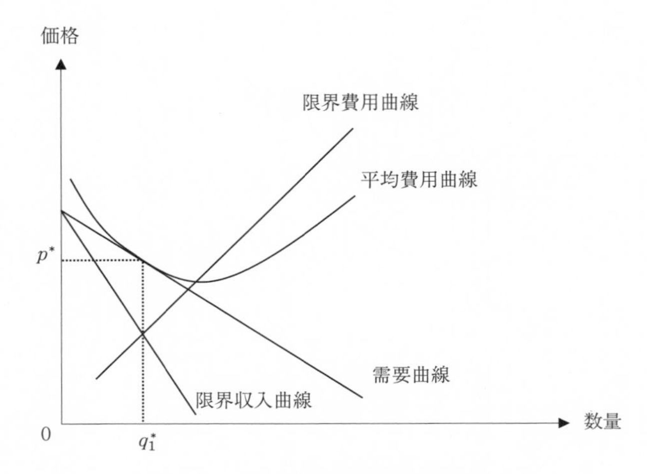

図7-3　独占的競争における長期均衡

Part Ⅱ

企業戦略と経済厚生

Firm Strategy and welfare

第8章 企業戦略（i）—価格差別—

Part Ⅰでは主に市場構造の変化が経済厚生に及ぼす効果についてみてきた。その際，企業はせいぜい「生産量をいくらにするか」あるいは「価格をいくらにするか」のみを決定していたが，もちろん，現実の企業は自身の利潤を高めるために様々な戦略を講じている。ここからは企業の利潤最大化のための戦略を詳しく分析していこう。

映画館で映画を観るとき，学生であれば学生証を提示し「学生料金」を支払う。いわゆる「学割」というもので，普通の大人料金よりも安く映画を観ることが出来るわけである。学割は映画だけではない。遊園地や美容院，携帯電話など，様々なところで目にすることだろう。このように企業は同じ財（サービス）でも消費者によって料金設定を変化させることがある。しかし，全ての財に学割があるわけではない。では，企業はどのようなときに学割を設定するのだろうか。ここでは企業の価格戦略についてみていこう。

8-1 第1種価格差別

これまで，企業の利潤最大化条件は限界収入と限界費用を一致させることであるとされてきた。図8-1では特に独占企業を例にそれを表している。しかし，実はここには大きな前提があった。それは**「企業は全ての消費者に同じ価格で財を販売する。」**ということである。つまり，「Aさんには100円で，Bさんには150円で売る」などということはしない（あるいは，出来ない）ことが前提だったのである。

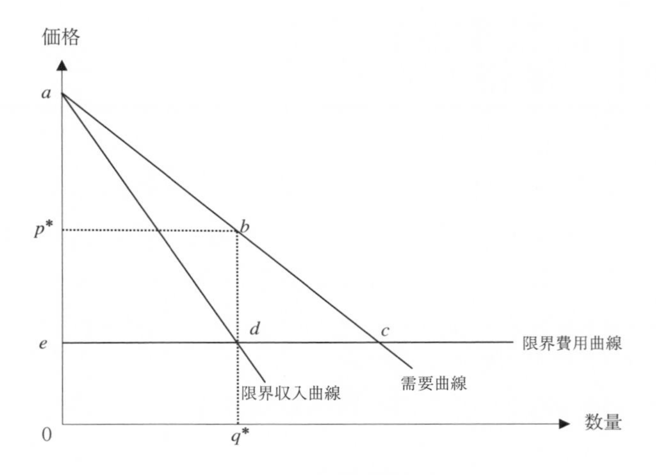

図8-1　企業の利潤最大化

では，もし企業が消費者によって異なった価格を提示できるとすれば，どのような価格設定を行えば利潤が最大になるだろうか。その答えは**「企業が消費者一人一人の留保価格に等しい価格を提示する」**である。留保価格とは消費者がその財に支払っても良いと考える最も高い価格で，それはまさに需要曲線で表されている。

再び**図8-1**を見ると，一つの価格しか付けられない時，限界収入と限界費用が一致するp^*が均衡価格になる。そのとき，生産者余剰は□p^*bdeで表される。これに対し，一人一人の消費者に異なった価格を付けることが出来るのであれば，企業は需要曲線に沿ってa～eの価格を設定し，生産者余剰は△aceになる。したがって，一つの価格しか付けられない場合より，遥かに大きな利潤を得ることが出来るのである。このような価格設定は**第1種価格差別**と呼ばれる[1]。また，このとき経済厚生は最大となるが，そのすべては生産者が得ることになる。

1　ここで「差別」というのは，単に「異なっている」「区別されている」という意味であり，「人種差別」や「男女差別」のような道徳的な意味合いは一切含まない。

もちろん，第1種価格差別を実際に実行するのはほぼ不可能だろう。なぜなら，第一に企業が事前に消費者の留保価格を知ることは非常に難しいこと，第二にもし仮に消費者の留保価格を知り得たとしても，そのような価格設定は非常に不公平であり，特に高い価格を提示された消費者がそれを承服するとは考えにくいことが挙げられる。しかし，近年の情報通信技術の発達により，これに近い価格設定がなされていることが知られている。例えば，大手ハンバーガーチェーン店などでは，携帯のアプリを使い，消費者にクーポンを配信しているが，実はこのクーポンは消費者により異なったものが配信されている。つまり，消費者の購買履歴から消費者の嗜好を推測し，消費者ごとに異なる価格を提示しているのである。これは第1種価格差別の発想に近いものと言えるであろう。

8-2 第2種価格差別

月々の携帯電話の料金は「基本料金＋通話料」となっていることが多い。また，遊園地などでは「入園料＋1回ごとのアトラクション料金」を支払うことがある。つまり「固定料金＋使った分」という料金体系が敷かれているわけである。このような料金体系は**二部料金制**と呼ばれる。実はこの二部料金制も価格差別の一つと考えることが出来るのである。

図8-2は二部料金制を表しており，Fの固定料金に加え，利用した数量に応じて，料金が増加していくことがわかる。ポイントは，消費者にとっては**たくさん購入するほど平均的な料金が安くなる**ということである。例えば使用量がaのとき，平均的な料金は$\angle c0a$であるが，bのときは$\angle d0b$となり，使用量が増えるほど小さくなることがわかる。企業としては，二部料金制を採用することで，**たくさん購入してくれる人に対し，自動で割引を実施**できるわけである。つまり，消費者の購買行動がそのまま価格差別に結びつき，このような価格差別を**第2種価格差別**と呼ぶ。

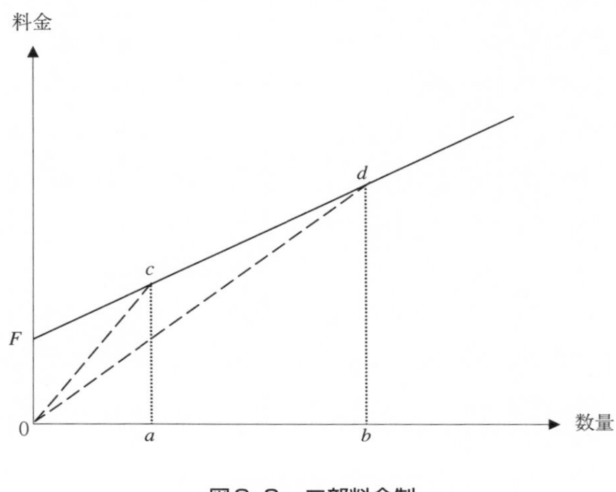

図8-2　二部料金制

これは小売店が発行する「ポイントカード」やショットバーなどで見られる「チャージ（席料）」などでも同様である。例えば，チャージが1,000円の店で1,000円のカクテルを１杯だけ飲んで帰れば，カクテル１杯の実質的な価格は2,000円である。しかし，２杯飲めば実質的な１杯の価格は1,500円，３杯飲めば約1,333円とどんどん安くなることがわかる。

8-3　第３種価格差別

では，冒頭の例で挙げた「学割」について考えてみよう。映画館は，遊園地は，携帯電話会社はなぜ学割をおこなうのだろうか？

学割に限らず，企業が割引をおこなう理由は，需要を増やすためである。もし割引をおこなっても需要が増えないのであれば，割り引いた分だけ企業は損をしてしまう。映画館の学割を考えてみよう。一般論として，学生は時間に余裕がある一方で，金銭的には余裕がない。したがって，映画館は学生料金を安くすることで，より大きな需要の拡大が見込めるのである。社会人の場合，逆に金銭的には余裕があっても時間に余裕がないことが多く，社会人に対して割引を実施したとしても需要を増やすことはそれほどできないであろう。

この理屈が遊園地や携帯電話，美容院などにもあてはまることは容易に想像できる。学割の他にも旅行会社や交通機関などで見られる「シニア割引」や，タクシーの「深夜割増」，ホテルや航空会社などで見られる「早期割引」も同様である。このように年齢，性別，時間，社会的属性などを使い市場を分け，それぞれの市場に別の価格を付けることを**第３種価格差別**と呼ぶ。

図8-3は市場１（例えば社会人）と市場２（例えば学生）それぞれの市場における利潤最大化を表している。両市場で限界費用は同じであるが，限界収入が異なるため，異なった価格を付けることが企業にとって最適となるのである。

もう少し詳しく第３種価格差別についてみていこう。ある独占企業が市場１と市場２で同じ財を販売しているとする。市場１の需要関数は$q_1 = 100 - p_1$，市場２の需要関数は$q_2 = 80 - p_2$で表され，限界費用は一定で10としよう。ここで，$p_i, (i = 1, 2)$は市場iにおける価格を表している。もし何らかの事情により

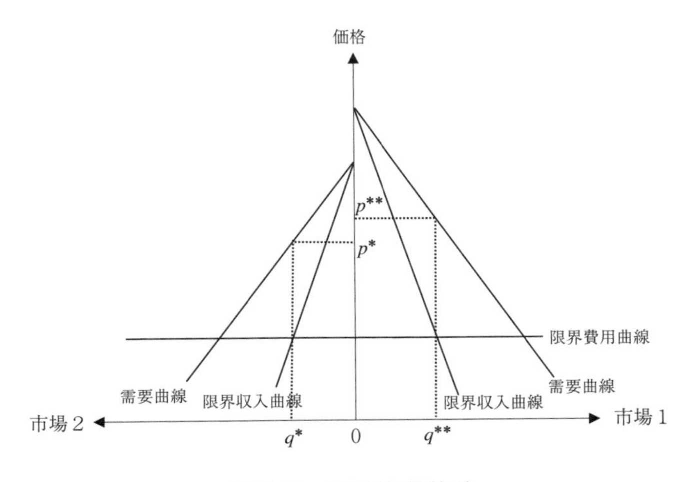

図8-3　第3種価格差別

両市場で同じ価格（統一価格と呼ばれる）をつけなければならない，つまり価格差別が出来ないとすると，この企業の利潤関数は

$$\pi = p(q_1 + q_2) - 10(q_1 + q_2)$$

$$= (p - 10)(180 - 2p)$$

と表される。ここでpは統一価格を表している。利潤最大化の1階の条件より

$$\frac{d\pi}{dp} = 200 - 4p = 0$$

$$\Rightarrow p = 50$$

が得られ，両市場で50の価格を付けることが最適になることが確認できる。

他方，二つの市場で別々の価格を付けることが出来るとすると，利潤関数は

$$\pi = p_1 q_1 + p_2 q_2 - 10(q_1 + q_2)$$

$$= (p_1 - 10)(100 - p_1) + (p_2 - 10)(80 - p_2)$$

と表される。利潤最大化の1階の条件より

$$\frac{\partial \pi}{\partial p_1} = 110 - 2p_1 = 0$$

$$\Rightarrow p_1 = 55$$

$$\frac{\partial \pi}{\partial p_2} = 90 - 2p_2 = 0$$

$$\Rightarrow p_2 = 45$$

が得られる。すなわち，市場1で55の，市場2で45の価格を付けることが最適になるのである。

ここから分かることは価格差別により，市場1では価格が上昇し，市場2で

は下落するということである。では，企業はどのような市場に高い価格を付け，どのような市場に低い価格を付けるのだろうか。先ほど学割の例を使い，割引をする際には，割引によってどれだけ需要が変化するのかが重要であることを指摘した。「価格が上昇した際，どれだけ需要が減少するか？」これは**第６章**でも見た**需要の価格弾力性**と呼ばれるものである。つまり，需要の価格弾力性が大きい市場（価格を下げると大きく需要が増える市場）では価格を安く，需要の価格弾力性が小さい市場（価格を下げてもあまり需要が増えない市場）では価格を高くすることが企業にとって望ましいのである。

先ほどの数値例でみてみよう。**第６章**でも見た通り，需要の価格弾力性は「需要の変化率÷価格の変化率」で求められ，変化率は「変化量÷元の量」で求められる。すると，需要の価格弾力性（ε）を式で表すと

$$\varepsilon = -\frac{\Delta q/q}{\Delta p/p}$$

となる。ここでΔqは需要の変化量，qは需要量，Δpは価格の変化量，pは価格を表している。右辺にマイナスが付いているのはεを正の値で表現するためである。すると，統一価格の下で価格が上昇した際の市場１の需要の価格弾力性は

$$\varepsilon_1 = -\frac{-1/50}{1/50} = 1$$

と求められる。他方，市場２の需要の価格弾力は

$$\varepsilon_2 = -\frac{-1/30}{1/50} = \frac{5}{3}$$

と求められる。つまり，$\varepsilon_1 < \varepsilon_2$であり，確かに価格差別によって需要の価格弾力性が大きい市場２の価格が低下したことが分かる。

さて，この第３種価格差別により，経済厚生はどのように変化するだろうか。

まず確実に言えることは，独占企業は価格差別を行うことで利潤が増加する（少なくとも減少しない）ということである。企業は価格を差別化したくなければしなくても良いわけで，利潤が高まるからこそ，価格差別を行うのである。次に，価格が低下する市場では消費者余剰は増加，価格が上昇する市場では消費者余剰は低下する。他方，総消費者余剰が増えるか減るかは一概には言えず，また社会的余剰が増えるか減るかも一概には言えない。

第9章 企業戦略(ii) －垂直的取引－

生産者が財を直接，消費者に販売することはむしろ稀で，生産者と消費者の間にはほとんどの場合，卸売業者や小売業者といった「流通業者」が介在している。それも場合によっては，生産者から「元卸」「中間卸」「最終卸」「小売店」を通してようやく消費者の手に渡るものもある[1]。では，そのような流通業者の存在は経済にどのような影響を与えるだろうか。ここでは流通業者の存在する「垂直的取引」と呼ばれるモデルについてみていこう。

9-1 小売業者の存在意義

多くの場合，生産者は卸売問屋に財を卸し，卸売問屋が小売店にその財を卸し，それから消費者に販売される。これは，そのような中間業者の存在により，効率的に財の取引を行うことが出来る場合があるためである。**図9-1**はそのことを簡単に表している。

今，ある財を生産する企業が3社，消費者が3人いるとしよう。財を販売するには，それぞれの企業が消費者に商品の情報を提供するか，あるいは消費者が商品の情報を手に入れに行かなくてはならない。この情報のやり取りを「情報回路」で表現しよう。もし小売業者が存在しないなら，どのようなことが起こるだろうか。**図9-1**の左がその場合の情報回路を示している。この場合，情報回路の数は9本であることが分かる。

1　一般に，生産者と小売業者が広く散らばって存在するケースでは流通経路は長くなる。（青果市場や繊維市場など。）他方，集中して生産が行われているケースでは流通経路は短くなることが知られている。（自動車や家電製品など。）

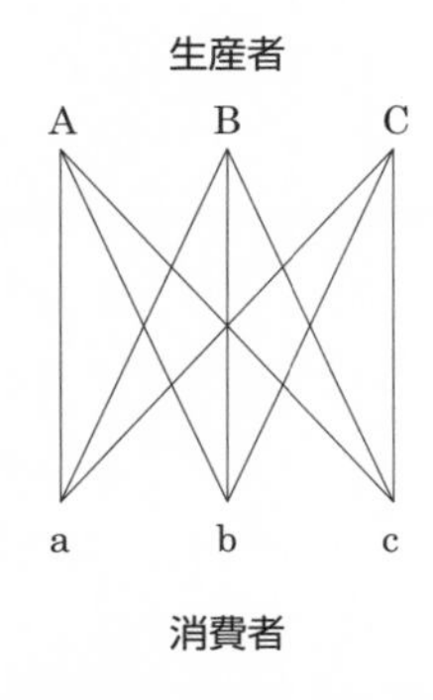

（小売業者が存在しない場合）

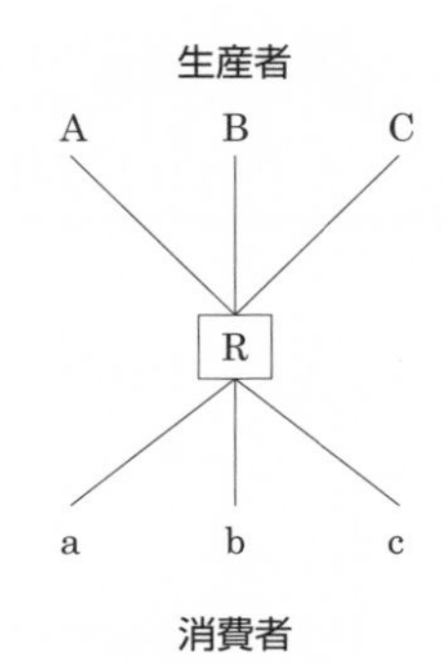

（小売業者Ｒが存在する場合）

図9-1 情報回路

これに対し，小売業者が存在する場合の情報回路は**図9-1**の右の図で表されている。この場合，企業と消費者は小売業者へアクセスするだけで済むため，情報回路は6本となる。特に，それぞれの企業，それぞれの消費者にとっては，情報回路は3分の2になっており，これは小売業者が介入することによる流通の効率化の一つであると考えられるのである。

9-2 垂直的取引

では，そのような小売業者が存在する場合，経済厚生にはどのような影響があるのか，より具体的にみていこう。ここでは生産者が1社，小売業者が2社存在するケースについて考えていくこととする。

生産者は一定の限界費用cで財を生産し，それを卸売価格wで2社の小売業者（1と2）に販売する。次に小売業者がクールノー競争を行い，財を消費者に販売する。小売業者は生産者への支払い以外にコストは発生せず，消費者の（逆）需要関数は$P=a-Q$で表されるとしよう。Pは価格，aはある正の定数，Qは総販売量を表している。また，生産量が正となるように$a>c$を仮定しよう。このような生産者と小売業者間による取引は**垂直的取引**と呼ばれる。では，垂直的取引の下でのクールノー均衡を求めていこう。

垂直的取引においては，各経済主体の意思決定において，時間の流れが存在することがわかる。つまり，

「生産者の卸売価格の決定」⇒「小売業者の販売量（注文量）の決定」

という順で意思決定が行われるのである。このような場合，**第５章**のシュタッケルベルク・モデルで見たように，先手を打つ企業が，後手に回る企業の行動を見越した上で，自身の戦略を決定すると考えられる。つまりここでは，生産者は小売業者の行動を予想した上で，卸売価格を決定しようとする。したがって，まず小売業者がどのように生産量を決定するのかをみていくことにしよう。

生産者が設定する卸売価格wが小売業者にとっての限界費用に当たる。したがって，小売業者１と２の利潤関数は

$$\pi_i = Pq_i - wq_i = (a - q_1 - q_2 - w)q_i, i = 1, 2$$

と表される。ここで，π_iは小売業者iの利潤を，q_iは小売業者iの生産量を表している。すると，利潤最大化の一階の条件より

$$\frac{\partial \pi_i}{\partial q_i} = a - 2q_i - q_j - w = 0, i = 1, 2, i \neq j$$

$$\Rightarrow q_i = \frac{a - q_j - w}{2}$$

が得られる。これがそれぞれの小売業者の反応関数であり，この式に従って販売量（別の言い方をすると，生産者への注文量）を決定するのである。すると，クールノー均衡は

$$q_i = \frac{a - w}{3}, i = 1, 2$$

と求められる。

次に生産者の意思決定を考えよう。生産者は**各小売業者の注文量がどのように決定されるかを予想した上で，卸売価格を決定**する。つまり，上で求められたクールノー均衡を織り込んで，利潤最大化を行おうとするのである。生産者の利潤関数は

$$\Pi = w(q_1 + q_2) - c(q_1 + q_2) = (w - c)(q_1 + q_2)$$

で与えられるが，先に求めたクールノー均衡における注文量を代入し

$$\Pi = (w - c)\left(\frac{2a - 2w}{3}\right) = \frac{2}{3}(wa - w^2 - ac + wc)$$

と書き換えられる。すると利潤最大化の一階の条件より，卸売価格は

$$\frac{d\Pi}{dw} = \frac{2}{3}(a - 2w + c) = 0$$

$$\Rightarrow w = \frac{a + c}{2}$$

と求められる。この結果より，総販売量，消費者価格，生産者の利潤は

$$Q = \frac{a - c}{3},\quad P = \frac{2a + c}{3},\quad \Pi = \frac{(a - c)^2}{6}$$

と求められる。

9-3 フランチャイズ料

垂直的取引の分析の基本は以上のようになるが，実は9-2節で見たような取引は，生産者にとって望ましいものとはなっていない。なぜなら，小売業者はあくまで自らの利潤を最大にするように行動するため，それが生産者にとって望ましいものであるとは限らないからである。このような，生産者と小売業者がそれぞれで利ざや（マージン）を取る状況は**二重マージン**と呼ばれる。この場合，生産者の利益は直接小売業者をコントロール出来る場合(直営店のようなもの)より，小さくなってしまうのである。次では，この二重マージンの問題を回避するための手段の一つ「**フランチャイズ料**」についてみていくこととしよう。

先に見たような「生産者＝小売業者＝消費者」の関係は自動車業界，新聞業界，家電業界，さらには一部の予備校など，様々なところで観察される。そこでは多くの場合，小売業者は生産者の財を販売することが出来るかわりに，その対価として「フランチャイズ料」を生産者に支払う[2]。では，9-2節でみてきた垂直的取引に，このフランチャイズ料を導入しよう。その他の設定は全く同じである。

生産者が卸売価格を設定したのち，フランチャイズ料Fを決める場合，小売業者の利潤関数は

$$\pi_i = Pq_i - wq_i - F = (a - q_1 - q_2 - w)q_i - F, i = 1, 2$$

と表される。すると，利潤最大化の一階の条件より

$$\frac{\partial \pi_i}{\partial q_i} = a - 2q_i - q_j - w = 0, i = 1, 2, i \neq j$$

$$\Rightarrow q_i = \frac{a - q_j - w}{2}$$

2　フランチャイズ料はコンビニや飲食店，美容院など様々な業種で観察されるが，これも基本的にはここでの分析と同様に考えることが可能である。

が得られ，つまり**フランチャイズ料が徴収されない場合と全く同じ**になることがわかる。フランチャイズ料そのものは，小売業者にとっては固定費用となり，生産量の決定とは無関係なのである。したがって，クールノー均衡は

$$q_i = \frac{a-w}{3}, i = 1, 2$$

と求められる。

次に生産者の行動について考えていこう。2社の小売業者からフランチャイズ料を徴収するため，生産者の利潤関数は

$$\Pi = w(q_1 + q_2) - c(q_1 + q_2) + 2F = (w - c)(q_1 + q_2) + 2F$$

と表される。生産者はこの利潤を最大にするように，卸売価格wとフランチャイズ料Fを決定する。ここでもし，フランチャイズ料を支払うことで，小売業者の利潤がマイナスになってしまうなら，そのような取引は小売業者によって拒否されるであろう。逆に利潤がプラスになる限り，小売業者は取引を続けたほうが得になる。ここでは，$\pi_i = 0$となるまでフランチャイズ料を引き上げることが出来るものとしよう。小売業者の利潤は，先に求めたクールノー均衡における生産量を考慮すると

$$\pi_i = \frac{(a-w)^2}{9} - F, i = 1, 2$$

と求められる。すると，この利潤をゼロにするフランチャイズ料は

$$F = \frac{(a-w)^2}{9}$$

で与えられることがわかる。この結果と，先に求めたクールノー均衡における生産量を考慮すると，生産者の利潤は

$$\Pi=\frac{2}{3}(w-c)(a-w)+\frac{2}{9}(a-w)^2$$

となり，生産者はこれを最大にするように卸売価格wを決定する。利潤最大化の一階の条件より，卸売価格は

$$\frac{d\Pi}{dw}=\frac{2}{3}(a-2w+c)-\frac{4}{9}(a-w)=0$$

$$\Rightarrow w=\frac{a+3c}{4}$$

と求められる。ここで，$a>c$であったことを思い出すと，**フランチャイズ料を徴収しない場合より，卸売価格は低くなっている**ことが分かる。この結果より，総販売量，消費者への販売価格，生産者の利潤はそれぞれ

$$Q=\frac{a-c}{2},\ P=\frac{a+c}{2},\ \Pi=\frac{(a-c)^2}{4}$$

と求められる。

これらの結果を，**9-2**節のフランチャイズ料を徴収しない場合と比較してみよう。まず，各小売業者の生産量と総生産量はフランチャイズ料の導入によって増加し，財の価格は低下するため，消費者余剰は増加することが確認できる。つまり，フランチャイズ料の導入は消費者にとって，望ましいものとなるのである。さらに，生産者の利潤はフランチャイズ料の導入により，増加していることがわかる[3]。

では，なぜこのような結果になるのだろうか。それは，フランチャイズ料を課すことで，二重マージンの問題が解決されたためである。生産者はフランチャイズ料で小売業者の利潤を全て徴収できるため，小売業者の（フランチャイ

3　生産者と小売業者の利潤の合計，つまり生産者余剰もフランチャイズ料の導入によって増加することが確認できる。

ズ料を徴収する前の）利潤を最大にするような卸売価格を設定しようとする。この下では，生産者は小売業者に財を卸すことによる利益は必要ない。（つまり，二重マージンは発生しない。）とにかく，小売業者にたくさん儲けてもらって，後からフランチャイズ料として，それをゴッソリ頂くことが最適な行動となるのである。

9-4 建値制（メーカー希望小売価格）

商品にはよく「メーカー希望小売価格」が付けられている。書籍や新聞，CDなどの例外はあるものの，基本的に小売価格は小売店による自由な競争の下で決められなければならないのだが，ではなぜこのような希望小売価格が設定されるのだろうか。この理由は先に見たフランチャイズ料の分析から明らかである。先の分析から，フランチャイズ料を徴収しない場合の小売業者の設定する価格は，流通チャネル全体の利益を最大にする価格よりも高く設定されていることが分かる。「希望小売価格」はあくまで生産者の「希望」なのだが，これが表示されていれば，実際問題として，これよりも高い価格をつけることは難しいであろう。すなわち，希望小売価格には，流通チャネル全体の利益を損なうような高い価格が付けられることを防ぐ目的もあるのである。

先に見たフランチャイズの分析では小売業者の利潤はゼロになったが，現実にはゼロになるとは考えにくく，ある一定の利潤を得るものと考えられる。生産者が卸売業者や小売業者の得る利潤を計算した上で，希望小売価格を決定することを**建値制**と呼ぶ。

第9章補論 発展的考察②
－メーカー希望小売価格－[1]

第9章ではメーカー希望小売価格について触れたが，本補論では簡潔なモデルを提示し，その効果について確認しよう。

9補-1 モデル

一人の生産者と一人の小売業者による垂直的取引を考えよう。この生産者の生産する財は全てこの小売業者を通じて消費者に販売されるものとする。まず，生産者がメーカー希望小売価格を提示しないケースを考えよう。第一段階で生産者は小売業者に対し卸売価格wを提示し，それを観察した小売業者が第二段階で小売価格pを決定する。以下，バックワード・インダクションを用い均衡を求める。

小売業者はこの財を販売するにあたり，卸売価格以外のコストはかからないものとしよう。すると小売業者の利潤関数は

$$\pi=(p-w)q$$

と表される。ここでqは販売量を表し，$q=a-p$で与えられているとしよう。ただし，aは正の定数である。すると利潤最大化の一階の条件より，第二段階の均衡小売価格，均衡販売量は

$$p=\frac{a+w}{2},\quad q=\frac{a-w}{2}$$

と求められる。

1　初出：池田剛士（2018）「「高く買わないで」は誰のため？」『経済論集』第110号。ただし，大幅に改変した箇所がある。

次に第一段階の均衡を求めよう。生産者の利潤関数は

$$\Pi = (w-c)q$$

と表される。ここではc一定の限界費用で$c<a$とする。第二段階の均衡を踏まえると，利潤最大化の一階の条件より，第一段階の均衡卸売価格は

$$w^* = \frac{a+c}{2} \cdot\cdot\cdot (1)$$

と求められる。ここで上添え字＊は小売業者が自由に小売価格を設定するケースにおける均衡を表している。以上より部分ゲーム完全均衡は

$$q^* = \frac{a-c}{4},\ p^* = \frac{3a+c}{4} \cdot\cdot\cdot (2)$$

と求められる。ここで，このケースでは二重マージンの問題が発生し，流通チャネル全体の利潤が最大化されていないことに注意しよう。すなわち，独占力のある製品を作る生産者にとって，小売業者の設定する価格は高すぎるのである。

次に，メーカー希望小売価格が周知され，小売業者はそれを超える価格での販売が困難なケースについて考えてみよう。簡単化のため，ここでは小売価格と卸売価格が一致するようメーカー希望小売価格を設定するものとする。したがって，小売業者の利潤はゼロとなるが，$\pi \geq 0$であればこの取引に応じるものとしよう。すると生産者の利潤関数は

$$\Pi = (w-c)(a-w)$$

と与えられる。利潤最大化の一階の条件より均衡卸売価格は

$$w^{**} = \frac{a+c}{2} \cdot\cdot\cdot (3)$$

と求められる。ここで上添え字＊＊はメーカー希望小売価格が設定されるケースにおける均衡を表している。以上よりナッシュ均衡は

$$q^{**}=\frac{a-c}{2},\ p^{**}=\frac{a+c}{2}\cdot\cdot\cdot(4)$$

と求められる。言うまでもなく，ここではメーカー希望小売価格より安く財を販売するインセンティブは存在しない。

それぞれの均衡を比較すると，(1)，(3)式より卸売価格は両ケースで一致することがわかる。ただし，もしメーカー希望小売価格が$w+m$，つまり卸売価格に一定のマージンmが上乗せされているとすれば，販売量の低下を防ぐため，卸売価格は下落する。

次に(2)，(4)式より小売価格は下落し，販売量は増加することが確認される。したがって，計算するまでもなく，生産者の利潤と消費者余剰は増加することがわかる。また，ここでは小売価格と卸売価格が一致しており，二重マージンの問題も発生せず，チャネル全体の利潤は最大となっている。しかしすでに明らかなように，この生産者利潤の増加と消費者余剰の増加は小売業者の犠牲のもとで成り立っており，決してパレート改善などではないのである。

9補-2 考　　察

本稿のモデルでは小売価格が下がり，需要が増加しても供給が十分それに対応できることが前提となっていることに注意しよう。ここで，もし供給が不足してしまうなら（超過需要が発生するなら）どのようなことが起こるだろうか。実は食料品の小売段階においては，価格による需給調整が行われにくいことが指摘されている。たとえば，阿部他（2011）および阿部・森口（2011）は東日本大震災直後，関東地方で深刻な超過需要が発生した際も食料品についてはあまり価

格が上昇しなかったことを明らかにしている[2]。代わりに，数量割当による需給調整（数量調整）が行われたのである。またこれは小売業者が顧客との長期的な取引を重視した結果（顧客市場仮説）であろうとの指摘がなされている。つまり生活必需品に近い食料品の値上げを「便乗値上げ」ととらえられてしまえば，顧客との関係を急激に悪化させてしまうとの懸念である。しかし同時に，そのような数量調整は買い占めを抑制できなかったり，買えた者と買えなかった者との間に大きな格差を生じさせたりする（価格調整であれば，買えた者も「高い価格」という代償を払う）という問題があり，「必ずしも数量調整が価格調整より公正で望ましいメカニズムではない」とも指摘されている。

2　阿部修人，森口千晶（2011）「経済教室 震災直後の超過需要への対応　値上げより数量調整優先」2011年11月21日付日本経済新聞朝刊
阿部修人，森口千晶，稲倉典子（2011）「東日本大震災は首都圏の商品価格にどのような影響を与えたのか」インテージ調査レポート 2011.09.30（https://www.intage.co.jp/library/20110930/）

第10章 企業戦略(iii) －垂直的取引制限－

第9章では，「生産者⇒販売店」あるいは「卸売業者⇒販売店」という垂直的取引の特徴についてみてきた。このような垂直的取引においては，他にもさまざまな興味深い現象が観察される。そこで，この章では「垂直的取引制限」と呼ばれる取引についてみていくことにしよう。

10-1 テリトリー制(排他的テリトリー)

生産者が財を卸す際，販売会社に販売地域を指定する場合がある。これは**「テリトリー制」**あるいは**「排他的テリトリー」**と呼ばれ，日本では新聞の販売代理店や自動車のディーラーなどが代表的な例といえよう[1]。生産者が販売会社に対し，なにがしかの制約を課すことを**「垂直的取引制限」**と呼ぶが，なぜこのようなテリトリー制を採用するのであろうか。

テリトリー制を採用せず，複数の販売会社が自社製品を一つの地域で販売するとどうなるだろう。すぐ思いつくように，そこでは**競争が生じ，価格が低下する**ことが予想される。時にそれは過当な競争となり，生産者にとって利潤を低下させる原因ともなるのである。そのような競争は**「ブランド内競争」**と呼ばれ，生産者は過当なブランド内競争を避けるためにテリトリー制を採用するのである。

しかしそのような取引制限は，消費者にとっては望ましいとは限らない。実際，日本の独占禁止法では合理的な理由がなく，価格が高止まりするような場合には，テリトリー制を違法なものとしている。(合理的な理由がある場合にのみ

1　新聞の販売代理店は，一つの地域に一つの代理店が置かれるのが一般的で，これを「クローズド・テリトリー」と呼ぶ。これに対し，自動車ディーラーの場合，一つの地域に複数のディーラーが置かれるのが一般的で，これを「オープン・テリトリー」と呼ぶ。

適法とされるため，**「合理の原則」**と呼ばれる。）では，新聞販売ではなぜテリトリー制が認められているのだろうか。一つには新聞が負う社会的使命がある。通常の財とは異なり，新聞には広く世にニュースを伝え，言論活動の礎となることが期待されている。また，新聞は限界費用が低く，価格競争により価格が安くなりすぎる恐れがある。したがって，過当な競争で価格が低下し，適正な言論活動が行えなくなることをテリトリー制により防いでいるのである。

10-2 排他的取引

テリトリー制を採用する場合には，同時に**「排他的取引」**も課されることがある。排他的取引とは，主に「専売店制」のことで，生産者が販売店に対し自社製品以外を取り扱わないよう強制するものである[2]。これは新聞の販売代理店や自動車ディーラーの他に，化粧品やガソリンスタンドなどでも観察される。なぜこのような取引を行うのだろうか。

テリトリー制と同じく，やはり排他的取引でも過当な競争を制限し，価格の低下を避けるということが考えられる。しかしながら，テリトリー制とは大きく異なる点がある。それはテリトリー制がブランド内競争を避ける目的で採用されるのに対し，**排他的取引はブランド間競争を避けるために採用される**ということである。排他的取引を採用しなければ，同じ店でライバルメーカーの商品が販売されることになり，そこで競争が生まれる。排他的取引はそのようなライバルメーカーとの競争を避ける手段となり，それがテリトリー制と大きく異なるところと言えよう。

この排他的取引もやはり合理的な理由がない限り，独占禁止法違反になる。ではガソリンスタンドはなぜ排他的取引が認められているのだろうか。一つには流通の効率化が挙げられよう。ガソリンはそれを運ぶのに大きなコストがかかる。すると，複数のタンクローリーが一つのガソリンスタンドに出入りする

2 他の生産者の財を排除しないまでも，自社製品の積極的な販売を奨励することを「特約店制度」と呼び，これも排他的取引の一つと考えられる。

のは無駄が発生してしまう。また，ガソリンは生産者が異なっていても，ほとんど品質に違いがない。したがって，一つの店舗で異なったブランドを販売するメリットもほとんどなく，近くにライバル店があれば，充分に競争的な市場になるのである。

10-3 一店一帳合制（いってんいちちょうあいせい）

生産者が販売店に対し，商品を仕入れる際の卸売企業を指定する場合がある。これは**「一店一帳合制」**と呼ばれ，やはり化粧品などで観察される。この制度は主に値崩れの防止と流通の効率化を目的として設定されるが，独占禁止法に抵触しないよう，慎重に採用される必要がある。

このように様々な手段を講じ，生産者は流通に介入することで自社にとって都合のよい市場を作り出そうとするのだが，そこでは消費者に損害を与えないよう，よく観察し，よく考察する必要があるといえるであろう。

10-4 抱き合わせ販売

1990年2月，ファミコンソフト「ドラゴンクエストⅣ」が販売された際，卸売業者が小売業者にドラゴンクエストⅣとセットで他のソフトも購入させる事例があった[3]。今日でも，多くのパソコンで「Windows」や「Office」が一緒になって販売されたりしているが，これは**「抱き合わせ販売」**と呼ばれる[4]。

ドラゴンクエストの抱き合わせ販売では，消費者の選択の自由を侵害し，違法と認定されたが，Windowsなどのパソコンソフトに関しては，ケースによ

3　これは「藤田屋事件」と呼ばれ，このような抱き合わせ販売に対し，公正取引委員会は排除措置命令（抱き合わせ販売を行わないよう命令）を出すこととなった（1992年2月）。

4　ここでの抱き合わせ販売は，単品での購入が不可能なケースを指す。つまり，牛丼屋の「セットメニュー」のように，単品での購入も可能なケースは，また別の議論が必要となる。

り判断が分かれている。では，この抱き合わせ販売には，企業にとってどのようなメリットがあるのだろうか。また，消費者にはどのような影響があるだろうか。

まず，非常に人気のある商品に，あまり人気の無い商品を抱き合わせることで，企業の利潤が増加することは容易に想像できる。しかし，これは消費者に不必要な商品を売り付けることに他ならない。ドラゴンクエストの事件は主にこの点が問題視されたのである。企業にとっては非常に魅力的な戦略であるものの，これを実行することには大きな問題があることがわかる。

次にWindowsの場合はどうだろうか。パソコンを購入したほぼ全ての消費者がWeb閲覧ソフトを必要とすることは明らかである。したがって，先のケースと異なり，消費者は不必要な商品を無理やり買わされるわけではない。また，抱き合わせ販売をすることでMicrosoftはライバル企業のソフトをあらかじめ排除することができ，これは企業にとって，抱き合わせ販売をする強い誘因となる。

しかし，この抱き合わせにより，消費者は選択の自由が奪われることとなり，それは好ましいこととはいえないであろう。他方でソフトを一つの企業の物で統一することで，消費者の利便性を向上させる事が期待できる。これは**「範囲の経済」**と呼ばれるもので，前者の効果を後者の効果が上回ると期待できれば，そのような抱き合わせ販売は容認されるべきであろう。実際，公正取引委員会はこの抱き合わせ販売を違法とみなさなかったのである。

その一方で，Microsoftがパソコンにプリインストールされる（あらかじめインストールされる）Officeに，ワープロソフトのWordと表計算ソフトのExcelの両方を組み込むよう強制した際には排除命令が出された。このことからも，ケースにより公正取引委員会が慎重に判断を下していることがわかる。

10-5 その他の垂直的取引制限

垂直的取引制限には他にも様々なものがある。ニュースなどでもよく耳にするものをいくつか挙げておこう。

1　再販売価格維持

第9章でもみたように，一般には生産者が小売価格を指定することは違法とされている。しかし，書籍やCDなどでは「定価」が設定されている。これは**「再販売価格維持」**と呼ばれる。

書籍やCDは固定費用に比べ，限界費用が非常に低く，新聞同様，価格競争が行われると，大幅な値崩れを起こす可能性がある。そのような事態に陥ると，文学や芸術の衰退を引き起こしかねない。したがって，そこでは再販売価格維持が認められているのである。

2　リベート（キックバック）

携帯電話ショップでは「０円携帯」なるものがある。無料で携帯電話を引き渡すというものだが，携帯ショップはなぜそのような商売が成り立つのだろうか。それは携帯電話のキャリア（ドコモ，au，ソフトバンクなど）からリベートと呼ばれる販売奨励金を受け取るためである。そして各キャリアは，毎月の携帯使用料から利益を得ることになる。（０円携帯に「２年以上使うこと」などの縛りがあるのはこのためである。）

携帯電話以外でも，販売店の積極的な販売活動を促すために，化粧品メーカーや薬メーカーなどがリベートを支払うことはよくみられる。しかし，販売会社がメーカーにリベートを求めると，これは優越的地位の乱用とみなされ，違法となることもある。

3　販売方法の制限

本来，小売店は自由に販売行為を行うことができなければならない。しかし，場合によって，メーカーから販売方法に制限が課せられることがある。

常に革新的な流通，販売をおこなう日本のコンビニであるが，大手コンビニチェーン，「セブン - イレブン・ジャパン」とそのフランチャイズ店との間の争いが話題になったことがある。それはフランチャイズ店が賞味期限間近の弁当などの値引き販売を求めたのに対し，セブン - イレブン・ジャパンがそれを認めなかったことにはじまる。2009年 6 月，公正取引委員会は値引き販売を認めるようセブン - イレブン・ジャパンに命令を出したが，その後も値引き販売に対する規制を続けたため，フランチャイズ店が告訴に踏み切った。2013年 8 月，東京高裁は販売妨害を認め，セブン - イレブン・ジャパンに損害賠償の支払いを命じた。その後，セブン - イレブン・ジャパンは上告したものの，翌年10月，最高裁がこれを棄却し，セブン - イレブン・ジャパンの敗訴が確定することとなった。

しかしながら，他で起こされた同種の裁判ではセブン - イレブン・ジャパンが勝訴しているケースもあり，販売方法の制限を課すことの正当性，合理性を判断する困難さがうかがえるといえよう。

第10章補論 発展的考察③ －排他的テリトリーの経済効果－[1]

本補論では，生産者の間で競争が行われる下でのテリトリー制の効果について検討していこう。

10補-1 モ デ ル

2人の生産者（企業Aと企業B）と4人の小売業者（企業1，2，3，4）を考えよう。企業Aは小売業者1と2に，企業Bは小売業者3と4に財を販売するものとする。二つの分離された市場（市場1と市場2）を想定し，企業1と3は市場1に，企業2と4は市場2に立地しているものとしよう。企業AとBは小売業者に対し，二部料金制を課す，すなわち財を販売するとともにフランチャイズ料を徴収するものとする。すると小売業者はQの購入に対し$F+Qw$の支払いが必要となる。ここでFはフランチャイズ料を，wは卸売価格を表している。また一定の限界費用を想定し，それをゼロと仮定しよう。したがって，企業AとBがそれぞれQを販売した際の利潤は$2F+Qw$と表される。

それぞれの小売業者は両市場においてクールノー競争をおこなう。線形の需要関数を仮定し，それを$p=a-q$で表そう。ここでaは正の定数，qはその市場における需要量を表しており，両市場で等しいものとする。生産者に支払う以外の費用は小売業者には発生せず，また財は同質であるとしよう。第一段階で生産者が卸売価格とフランチャイズ料を決定し，第二段階で小売業者がクールノー競争をおこなうものとする。

1　初出：Nikae, D. and T. Ikeda (2006) “Exclusive territories in the presence of upstream competition,” *Economics Bulletin*, vol. 4, no.26. ただし，大きく改変した箇所がある。

10補-2 排他的テリトリーの下でのクールノー均衡

まず，生産者が排他的テリトリーを採用するケースを考えよう。企業1と3は市場1でのみ，企業2と4は市場2でのみ財を販売するとする。企業AとBの利潤関数はそれぞれ

$$\Pi_A = w_A(q_1^1 + q_2^2) + 2F_A$$

$$\Pi_B = w_B(q_3^1 + q_4^2) + 2F_B$$

で与えられる。ここでw_iは企業iが設定する卸売価格を，q_i^jは企業iが市場jで販売する販売量を，F_iは企業iが設定するフランチャイズ料を表している。

小売業者（企業1～4）の利潤関数はそれぞれ，$\pi_1 = (P^1 - w_A)q_1^1 - F_A$，$\pi_2 = (P^2 - w_A)q_2^2 - F_A$，$\pi_3 = (P^1 - w_B)q_3^1 - F_B$，$\pi_4 = (P^2 - w_B)q_4^2 - F_B$と表される。ここで，$P^j$は市場jにおける価格を表している。また，生産者は小売業者の利潤がゼロになるまでフランチャイズ料を徴収できるとしよう。すると，それぞれの生産者の反応関数は

$$w_i = -\frac{a}{4} - \frac{w_j}{4}, (for\ \ i, j = A, B, and\ i \neq j) \cdot\ \cdot\ \cdot (1)$$

と表される。(1)式は自身の卸売価格の上昇がライバル企業の卸売価格を引き下げることを意味している。これは卸売価格の上昇は自身の小売市場での販売量の減少をもたらし，その結果，ライバル企業の販売量を増加させる，すなわち，ライバルの卸売価格の下落を誘発するためである。

すると，(1)式より，均衡卸売価格

$$w_A = w_B = -\frac{a}{5} \cdot\ \cdot\ \cdot (2)$$

を得る。(2)式は生産者が卸売価格を限界費用以下に設定することを表してい

る[2]。これは生産者が小売業者にリベートを支払うなどし，多く財を販売してもらい，後からフランチャイズ料としてその利潤を徴収することが最適であるためである。

経済厚生 W は消費者余剰と生産者と小売業者の余剰を合わせたものである。ただし，小売業者の利潤はゼロになることに注意しよう。すると，それぞれの内生変数の均衡値が以下のように得られる。

$$P^1 = P^2 = \frac{a}{5}\,(\equiv P^E)\cdot\cdot\cdot(3)$$

$$\Pi_A = \Pi_B = \frac{4}{25}a^2(\equiv \Pi^E)\cdot\cdot\cdot(4)$$

$$W = \frac{24}{25}a^2(\equiv W^E)\cdot\cdot\cdot(5)$$

10補-3　排他的テリトリーを伴わないクールノー均衡

この節では生産者がテリトリー制を採用しない際の均衡を求める。テリトリー制が導入されない場合，小売業者は自身の立地する市場以外でも財を販売する。ただし，その際には財１単位当たり t の輸送費用が必要であるとしよう。また，正の販売量を保証するため $0 < t \leq 6a/17$ を仮定する。

すると，企業ＡとＢの利潤関数はそれぞれ

$$\Pi_A = w_A(q_1^1 + q_1^2 + q_2^1 + q_2^2) + 2F_A$$

$$\Pi_B = w_B(q_3^1 + q_3^2 + q_4^1 + q_4^2) + 2F_B$$

と表される。また，小売業者１～４の利潤関数は

2　ここでは自由処分の仮定は置かない。すなわち，小売業者は必要な分だけを生産者に発注する。

$$\pi_1 = (P^1 - w_A)q_1^1 + (P^2 - w_A - t)q_1^2 - F_A$$
$$\pi_2 = (P^1 - w_A - t)q_{2A}^1 + (P^2 - w_A)q_2^2 - F$$
$$\pi_3 = (P^1 - w_B)q_3^1 + (P^2 - w_B - t)q_3^2 - F$$
$$\pi_4 = (P^1 - w_B - t)q_4^1 + (P^2 - w_B)q_4^2 - F_B$$

と表される。これらより，生産者の反応関数は

$$w_A = w_B = \frac{-2a + t}{28} \cdot\cdot\cdot(6)$$

と求められる。ここで$t = 6a/17$のとき，小売業者は自身の立地する市場以外では財を販売できないことに注意しよう。すなわちそれは，排他的テリトリーと似たような状況を生じさせるのである。また，輸送費用tの上昇は競争を緩和させるため，(6)式で示されているように，tの上昇は卸売価格を上昇させるのである。

このケースにおける内生変数の均衡値は以下のとおりである。

$$P^1 = P^2 = \frac{a}{7} + \frac{3t}{7} (\equiv P^C) \cdot\cdot\cdot(7)$$

$$\Pi_A = \Pi_B = \frac{12a^2 - 12at + 101t^2}{98} (\equiv \Pi^C) \cdot\cdot\cdot(8)$$

$$W = \frac{48a^2 - 48at + 110t^2}{49} (\equiv W^C) \cdot\cdot\cdot(9)$$

10補-4 比　　較

排他的テリトリーが採用される場合と採用されない場合を比較していこう。まず(3)，(7)式より，

$$P^E - P^C = \frac{2a}{35} - \frac{3t}{7} \cdot\cdot\cdot (10)$$

を得る。(10)式より，$t > 2a/15$のとき，小売価格はテリトリー制が無い場合の方が高くなることがわかる。ここで，テリトリー制がない場合の方が競争は緩和されていることに注意しよう。したがって，以下の命題を得る。

命題1：輸送費用tが$t > 2a/15$のとき，テリトリー制が採用されない方が小売価格は高くなる。したがって，この下ではテリトリー制を採用することにより消費者余剰が改善される。

次に生産者の利潤を比較しよう。(4)，(8)式より

$$\Pi^E - \Pi^C = \frac{92a^2 + 300at - 2525t^2}{2450} \cdot\cdot\cdot (11)$$

を得る。(11)式は$0 < t < 2a(15 + 14\sqrt{13})/505$であれば，$\Pi^E > \Pi^C$となることを示している。すると，以下の命題を得る。

命題2：輸送費用tが$2a(15 + 14\sqrt{13})/505$より大きいとき，排他的テリトリーを採用しない方が生産者の利潤は大きくなる。

最後に経済厚生を比較しよう。(5)，(9)式より

$$W^E - W^C = \frac{-2(12a^2 - 600at + 1375t^2)}{1225} \quad \cdots (12)$$

を得る。(12)式は$2a(30-7\sqrt{15})/275 < t < 6a/17$のとき，$W^E - W^C$が正の値を取ることを示している。よって，以下の命題を得る。

命題3：輸送費用tが$2a(30-7\sqrt{15})/275$を上回るとき，排他的テリトリーを採用する方が経済厚生は大きくなる。

また，$2a/15 < t < 2a(15+14\sqrt{13})/505$のときには，テリトリー制を採用することで消費者余剰，生産者余剰ともに増加することに注意しよう。

このモデルから「排他的テリトリーを採用することで市場を分断する」ことと「輸送費用が高いため市場が分断される」ことは全く異なるものであることが理解される。

第11章 企業戦略(iv)
－企業立地と製品差別－

「企業はどこに立地すべきか？」これは経済学において古くから考えられてきた問題である。この答えを得るために，様々なアプローチが試みられているが，もっとも代表的な研究の一つに**「ホテリングの線分市場」**がある。また，ホテリングの線分市場はその特徴から，企業がどのように財の差別化を図るのかという製品差別化の問題を考える際にも利用される。この章では水平的製品差別と垂直的製品差別の二つの製品差別についてみていくことにしよう。

11-1 ホテリングの線分市場

a地点からb地点まで，直線的に広がるビーチ（砂浜）を考えよう（図11-1を参照のこと）。このビーチには客が一様に分布（直線状に偏りなく分布）しており，そこでAさんとBさんがかき氷を販売しようとしている。さて，AさんとBさんはこのビーチのどのあたりに店を構えるべきだろうか。ただし，二人の販売するかき氷に味や価格の差はなく，客は必ず近い方から一つだけ購入するものとする。

ではまず，AとBがそれぞれ，aとbに立地しているとしよう。このとき，両者は市場を半分ずつ獲得することになる。しかし，これは両者にとって最適ではない。なぜなら，**Aはa地点から少し中心に移動するだけで，Bの客を奪うことができる**ためである。このことはBにとっても同じで，Bは少し中心に移動すればAの客を奪うことができる。このような移動を続けると，結局，**両者とも中心に（背中あわせに）立地し，半分ずつの市場を獲得する**ことになる。そして，両者ともその中心地から移動するインセンティブを持たない（移動すれば，客を奪われてしまう）。これは**ホテリングの差別化最少原理**と呼ばれるものである。一見すると，両者は端に分かれた方が良さそうにも思うが，そうはならないところが興味深い点であろう。

この結果を現実に照らすと，どう解釈できるだろうか。一つには街中に溢れるコンビニの立地が挙げられるかもしれない。なぜあれほど近くに，似たようなコンビニが乱立するのか，その一つの説明を与えるであろう。ただし，この差別化最少原理は企業数が3社になると途端に成立しなくなるため，注意が必要である。

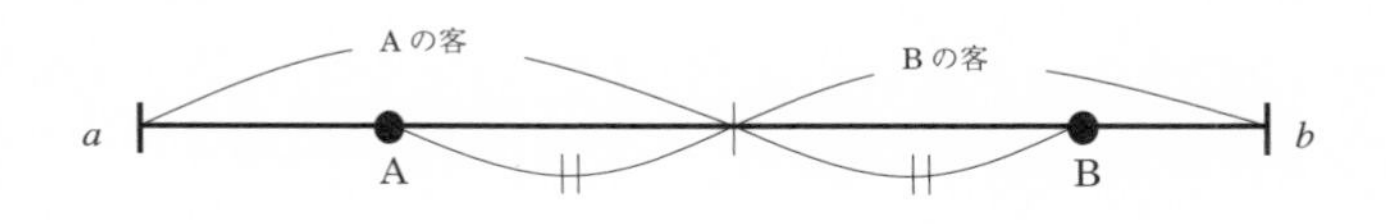

図11-1　ホテリングの線分モデル

11-2 水平的製品差別

前節では企業がどこに立地するか？という問題を考えてきたが，実はこのモデルはそのまま水平的製品差別の問題に置き換えることが可能である。財の差別化には**「水平的差別」**と**「垂直的差別」**が考えられるが，水平的差別とは簡単にいうと「好みの差」に基づく製品差別である。例えば，衣服なら赤い服が好きな人もいれば，黒が好きな人もいるであろう。カジュアルな服が好きな人もいれば，フォーマルな服が好きな人もいる。「赤の服と黒の服」これが水平的製品差別である。

これに対し，垂直的差別とは「品質の差」のことを指す。パソコンであれば，CPUや液晶の解像度，ハードディスクの容量など高性能になればなるほど，誰にとっても良いのだが，性能が良くなれば良くなるほど，価格が上昇してしまう。すると，人によってはそんなに性能は良くなくても安い方が好ましいと思う人もいるであろう。このように財の差別化には水平的な差別化と垂直的な差別化の2種類が考えられるが，ホテリングの線分市場は水平的製品差別を表現することができるのである。

直感的なイメージとしては，これまで左からa～b地点としていたものを，左から「甘口のカレー」「中辛のカレー」「辛口のカレー」とし，これまで店までの距離としていたものを「消費者の自分の好みからの距離」とするのである（**図11-2**を参照のこと）。「消費者の好みからの距離」とは「本当は甘口を好む消費者が中辛を買わなければならない際の不満足度」を金額で示したものといえよう。このように読みかえることで，水平的製品差別における企業の差別化戦略を表現できるのである。

ここでみてきた差別化最少原理は色々な企業で似たような財を生産することの理論的説明を与えるであろう。つまり，大手コンビニチェーン店の品揃えが似通っていたり，大手牛丼チェーン店のメニューはどこも非常に似ていたりしている。このような現象がホテリングの差別化最少原理と言えるのかもしれない。

図11-2　水平的製品差別

11-3 垂直的製品差別

次に，品質の差を表す「垂直的製品差別」を考えていこう。企業1と2が垂直的に差別化された製品を作っており，企業1よりも企業2の製品の方が高品質であると仮定する。両企業は価格競争を行い，消費者の効用関数は

$$U=\theta s_i-p_i,(i=1,2)$$

で表されるとしよう。ここでθは消費者の品質に対する敏感さを，s_iは企業iの財の品質を，p_iは企業iの財の価格を表している。つまり，θの値が大きい

消費者ほど，高品質な財から得られる効用が大きくなるのである。他方，θの値が小さい消費者は，高品質な財を消費しても大して効用は大きくならないため，価格の安い方の財を好むことになる。また，θは$0 \leq \theta \leq 1$の区間に密度1で（簡単に言えば，一人ずつ）均一に分布しており，s_iが大きいほど，品質は高くなる（図11-3参照のこと）。さらに，消費者は企業1か2のどちらかの財を必ず一単位購入するとしよう。すると，高品質な財を消費する消費者と低品質な財を消費する消費者の境目は，

$$\theta s_1 - p_1 = \theta s_2 - p_2$$

を満たすθを持つ消費者であることが分かる。このθを$\widetilde{\theta}$と表そう。つまり$\widetilde{\theta}$の消費者は高品質な財でも低品質な財でも同じ効用を得るということを意味している。この式を変形すると$\widetilde{\theta}$は

$$\widetilde{\theta} = \frac{p_1 - p_2}{s_1 - s_2}$$

と求められる。すると，企業1の需要量q_1と企業2の需要量q_2はそれぞれ

$$q_1 = \frac{p_1 - p_2}{s_1 - s_2}, \quad q_2 = 1 - \frac{p_1 - p_2}{s_1 - s_2}$$

となる。

では，企業1と2の利潤最大化問題をみていこう。財を生産する際の限界費用は両企業ともcで一定とすると，企業1と2の利潤関数はそれぞれ，

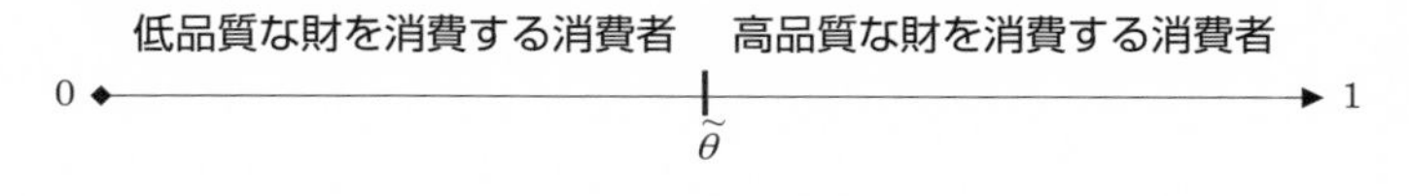

図11-3　消費者の分布

$$\pi_1=(p_1-c)q_1=(p_1-c)\left(\frac{p_1-p_2}{s_1-s_2}\right)$$

$$\pi_2=(p_2-c)q_2=(p_2-c)\left(1-\frac{p_1-p_2}{s_1-s_2}\right)$$

と表される。利潤最大化の一階の条件より，それぞれの反応関数は

$$\frac{\partial \pi_1}{\partial p_1}=\frac{2p_1-p_2-c}{s_1-s_2}=0\Rightarrow p_1=\frac{p_2+c}{2}$$

$$\frac{\partial \pi_2}{\partial p_2}=1-\frac{p_1-2p_2+c}{s_1-s_2}=0\Rightarrow p_2=\frac{p_1+c-s_1+s_2}{2}$$

と求められ，これらを連立方程式として解くことで均衡価格は

$$p_1=c+\frac{s_2-s_1}{3},\quad p_2=c+\frac{2(s_2-s_1)}{3}$$

となることが分かる[1]。よって両企業の均衡利潤は

$$\pi_1=\frac{s_2-s_1}{9}\quad\cdot\cdot\cdot(1)$$

$$\pi_2=\frac{4(s_2-s_1)}{9}\quad\cdot\cdot\cdot(2)$$

と求められる。ここで仮定より$s_2>s_1$であることに注意しよう。

さて，両企業は自分の財の品質をどのように設定するだろうか。もし品質の選択に費用がかからない，つまり，財の品質向上に費用がかからないならば，両企業は自由に品質を選択することが可能となる。すると(1)，(2)式を見ると，品質の差が大きければ大きいほど両企業の利潤は高まることが分かる。これは

1　もし両企業の品質が等しいなら，「価格＝限界費用」という同質財のベルトラン均衡が得られることが分かる。

財の品質選択における**差別化最大原理**と呼ばれるものである。つまり，品質選択にコストがかからないのであれば，垂直的に差別化された財を生産する企業は，なるべくライバル企業とかけ離れた品質の財を作り競争の緩和を目指すことになるのである。

11-4 ドーフマン・スタイナーの公式

垂直的に差別化された財では，販売する際に問題が生じる可能性がある。それは消費者にとって，水平的製品差別は見分けることが容易である一方で，垂直的製品差別はそれが困難な可能性があるということである。つまり，赤い車か黒い車かは見れば分かるが，車の品質（性能）を購買時に完全に見抜くのは困難かもしれない。企業がコストをかけて品質を向上させたとしても，それが消費者に伝わらなければあまり意味がなく，また品質を全く伝えることが出来なれば，品質の向上自体が行われなくなる可能性がある[2]。そこで企業は，自分の財を正しく消費者に認知，理解してもらえるように「広告・宣伝」活動を行うことになるのである。次では適切な広告・宣伝活動の水準を考えていこう。

ある企業が広告費mを負担することで需要を増やせるとしよう。その企業の利潤関数は

$$\pi=(p-c)q[p,m]-m$$

で表されるとする。ここでpは財の価格を，cは（一定の）限界費用を$q[p,m]$は需要関数を表しており，$\partial q/\partial p<0$，$\partial q/\partial m>0$，つまり価格が上昇すると需要量は減少し，広告費が増えると需要量は増加することを仮定する。企業は価格と広告量を決定することで利潤最大化を図るのである。

すると，価格に関する利潤最大化条件は

2　これは生産者と消費者の間の「情報の非対称性」の問題といえる。

$$\left(q+(p-c)\frac{\partial q}{\partial p}\right)dp=0$$

$$(p-c)\frac{\partial q}{\partial p}=-q$$

であり，両辺に$-p/q$を掛けると

$$(p-c)\left(-\frac{\partial q}{\partial p}\frac{p}{q}\right)=p$$

が得られる。この左辺の二つ目の括弧は「需要の価格弾力性」に他ならない。これをεとすると上式は

$$(p-c)\varepsilon=p\cdot\cdot\cdot(3)$$

と書き換えられる。

他方，広告に関する利潤最大化条件より

$$\left((p-c)\frac{\partial q}{\partial m}-1\right)dm=0$$

$$(p-c)\frac{\partial q}{\partial m}=1$$

であり，両辺にm/qを掛けると，

$$(p-c)\frac{\partial q}{\partial m}\frac{m}{q}=\frac{m}{q}$$

が得られる。この左辺の後半はいわば「需要の広告支出弾力性」，つまり「広告支出が1% 増加した際，需要が何％変化するか？」を表している。これをμで表すと上式は

$$(p-c)\mu=\frac{m}{q}\quad\cdots(4)$$

と書き換えられる。(3), (4)式より（辺々を割ると）

$$\frac{\mu}{\varepsilon}=\frac{m}{pq}$$

が得られる。これは**ドーフマン・スタイナーの公式**と呼ばれ，売上高のうち，どれだけを広告・宣伝のために支出すべきであるかという問題に答えてくれる[3]。つまり，広告支出と売上高の比率は，需要の広告支出弾力性と需要の価格弾力性との比率と等しくなるように決めるのが最適であるということである。このドーフマン・スタイナーの公式から

- 需要の広告支出弾力性が高く，需要の価格弾力性が低い⇒広告宣伝費を多くし，価格を高めに設定する

- 需要の広告支出弾力性が低く，需要の価格弾力性が高い⇒広告宣伝費は少なくし，代わりに製品価格を安くする

ことが望ましいと分かる。

---

3 Dorfman R. and P. Steiner (1954), "Optimal Advertising and Optimal Quality," *American Economic Review*, 44, 826−836.

第11章補論 発展的考察④ －第3種価格差別と垂直的製品差別－[1]

本章では垂直的製品差別のモデルを応用し，第3種価格差別が経済厚生に及ぼす影響について考察する。2つの独立した市場を想定するが，一方の市場では他方の市場よりも全体として，ある財（あるいはサービス）の消費から得られる効用は低いことが仮定される。このような2つの市場に直面した企業は最適な品質選択と価格設定を求められるが，ここで，価格に関しては市場間において差別化が可能であるが，品質に関してはそのような差別化は不可能であるとする[2]。

独占企業を想定した場合，価格差別が企業利潤を増加させる（少なくとも減少させない）ことは明らかであるが，本章では価格差別により，総余剰も必ず増加することを示す。

11補-1 モ デ ル

市場1と市場2に財を提供する独占企業を考える。市場2の消費者は全体として，市場1の消費者よりもその財からは高い効用を得るものとしよう。具体的にそれは，以下のような効用関数で表される。

$$U_1 = n\alpha\theta - p,\ U_2 = \alpha\phi - p$$

ここで，U_iは市場iにおける消費者の効用を，$n(0<n<1)$は市場間におけるこ

1　初出：池田剛士（2009）「シニア割引の経済効果」『流通研究』第11巻第3号。ただし，大幅に改変した箇所がある。

2　仮に市場ごとに製品を差別化することが出来るとすれば，企業利潤はより高まる可能性があるが，映画館や携帯電話の例を考えた場合，このような製品差別化は不可能であるという本章の想定は妥当なものであるといえよう。

の財に対する嗜好の差を，αはこの財の品質を，$n\theta(\phi)$は市場1(2)の消費者の品質に対する限界的な効用を，pは財の価格を表している。θおよび，ϕに一致する消費者はその市場に均一に分布しており，簡単化のため$\theta\in[0,1]$かつ，$\phi\in[0,1]$を仮定しよう。また，各消費者はその財を一単位のみ消費するか，あるいは消費しないかを選択するものとする。

ここで注意すべき点は，例えば$n=0.5$のとき，$\theta=0.2$の消費者と$\phi=0.1$の消費者はこの財の消費から同じ効用を得るということである。嗜好の差に基づく価格差別の研究はこれまでにもいくつか見られるが，現実的には消費者の嗜好を厳密に区別し，そこで価格を差別化することは非常に困難なことであるといえよう。そこで企業は便宜的に「高齢者と若年者」，「男性と女性」あるいは「大人と子供」というように，財に対する効用が全体として高いグループと低いグループに分けて価格を差別化するのである。したがって，あるグループの中に，他のグループの消費者と同一の効用を持つ消費者が存在する事は当然のことと言える。消費者のグループ分けに対する本章の仮定はこのような事実を反映したものである。

企業は財の品質を選択した後，その価格を決定する。ここで，品質に関する費用関数を$C(\alpha)=\alpha^2/2$とし，また簡単化のため，財の生産における限界費用はゼロで一定としよう。以下，統一価格および，価格差別の下での均衡を求めていこう。

11補-2 統一価格の下での経済厚生

市場1と市場2における需要はそれぞれ，$q_1=1-p/(n\alpha)$および，$q_2=1-p/\alpha$であるので，統一価格の下での企業利潤は$\pi^U=(2-(p+pn)/(n\alpha))p-\alpha^2/2$と表される[3]。ここで上付き文字$U$は統一価格の下での値であることを示している。サブゲーム完全ナッシュ均衡を求めるために，まず価格に関する一階の条件を求めると，

3 企業が市場の全ての消費者に対して財の提供を行う'Full cover'の可能性は排除する。

$$p^U = \frac{n\alpha}{1+n} \qquad (1)$$

を得る。次に(1)式を考慮し，品質に関する一階の条件を求めると，次の均衡を得る。

$$\alpha^U = \frac{n}{1+n} \qquad (2)$$

(1)，(2)式より，全ての内生変数の（一意な）均衡が$p^U = n^2/(1+n)^2$，$q_1^U = n/(1+n)$，$q_2^U = 1/(1+n)$，$\pi^U = n^2/(2(1+n)^2)$と求められる。

しかしながら，ここでnが1/3より小さくなると，企業は市場2においてのみ財の販売を行うことに注意しよう。すなわち，統一価格の下でnが小さくなると，企業は市場1を無視した方が高い利潤を得る事ができ，その時の利潤関は$\pi^U = (1-p/\alpha)p - \alpha^2/2$となる。したがって，上記の均衡は$1/3 \leq n < 1$の場合であり，$0 < n < 1/3$のときの全ての内生変数の均衡は$p^U = 1/16$，$\alpha^U = 1/4$，$q_1^U = 0$，$q_2^U = 3/4$，$\pi^U = 1/32$と求められる。

以上より，$1/3 \leq n < 1$のとき，市場1および，市場2の消費者余剰，総消費者余剰，社会的余剰はそれぞれ

$$CS_1^U = \int_{1/(1+n)}^{1} (n\alpha\theta - p)d\theta = \frac{n^4}{2(1+n)^3}$$

$$CS_2^U = \int_{n/(1+n)}^{1} (\alpha\phi - p)d\phi = \frac{n}{2(1+n)^3}$$

$$CS^U = CS_1^U + CS_2^U = \frac{n(1+n^3)}{2(1+n)^3}$$

$$SW^U = \pi^U + CS_1^U + CS_2^U = \frac{n+n^2+n^3+n^4}{2(1+n)^3}$$

と求められ，他方$0 < n < 1/3$のときには，

$$CS_1^U = 0$$

$$CS_2^U = \int_{1/4}^{1} (\alpha\phi - p)d\phi = \frac{1}{32}$$

$$CS^U = CS_1^U + CS_2^U = \frac{1}{32}$$

$$SW^U = \pi^U + CS_1^U + CS_2^U = \frac{1}{16}$$

と求められる。

11補-3 価格差別の下での経済厚生

次に価格差別の下での均衡を求めよう。市場1と2における価格をそれぞれp_1，p_2とすると，企業の利潤は$\pi^D = (1 - p_1/(n\alpha))p_1 + (1 - p_2/\alpha)p_2 - \alpha^2/2$と表される。ここで，上付き文字$D$は価格差別の下での値であることを示している。すると，一階の条件より，

$$p_1^D = \frac{n\alpha}{2}, p_2^D = \frac{\alpha}{2} \qquad (3)$$

を得る。(3)式を考慮し，品質に関する一階の条件を求めると

$$\alpha^D = \frac{1+n}{4} \qquad (4)$$

が得られ，これら(3)，(4)式より，全ての内生変数の（一意な）均衡が$p_1^D = (n + n^2)/8$，$p_2^D = (1+n)/8$，$q_1^D = q_2^D = 1/2$，$\pi^D = (1+n)^2/32$と求められる。以上より，市場1および2の消費者余剰，総消費者余剰，社会的余剰はそれぞれ，

$$CS_1^D = \int_{1/2}^{1} (n\alpha\theta - p_1)d\theta = \frac{n(1+n)}{32}$$

$$CS_2^D = \int_{1/2}^{1} (\alpha\phi - p_2)d\phi = \frac{1+n}{32}$$

$$CS^D = CS_1^D + CS_2^D = \frac{(1+n)^2}{32}$$

$$SW^D = \pi^D + CS_1^D + CS_2^D = \frac{2(1+n)^2}{32}$$

と求められる。

11補-4　統一価格vs.価格差別

では，価格差別の経済効果を確かめよう。まず，財の品質と価格に関し，以下の補題を得る。

補　題（ⅰ）価格差別は常に財の品質を向上させる。
（ⅱ）$1/3 \leq n < 1$の時，価格差別は市場1の価格を下落させる。
（ⅲ）価格差別は常に市場2の価格を上昇させる。

証明：下記証明1を参照のこと。

これらの結果は市場間における嗜好の差が$1/3 \leq n < 1$の時，価格差別は効用の大きなグループの価格を引き上げ，効用の小さなグループの価格を引き下げることを示している[4]。また，価格差別は常に財の品質を向上させるが，

4　ただし，価格差別は常に品質を向上させるため，企業が品質を選択出来ない場合に比べ，ここでの市場1の価格下落効果は小さくなり，市場2の価格上昇効果は大きくなることが容易に確認できる。

$0<n<1/3$の時，それは特に販売量の増加による効果が強く働いていると考えられる。他方，$1/3 \leq n<1$の時には，価格差別を実施しても，総供給量は変化しないことから，価格差別の効果によって品質が改善されていると考えられるのである[5]。

これらの結果は，低い効用しか示さないグループの需要を掘り起こすことで利潤の増加を図ろうとする現実の企業行動と符合するものといえよう。また，企業はより大きな利潤を得る結果，品質改善投資を増加させることが可能となるのである。次に価格差別が消費者余剰に与える影響をみていこう。すると，以下の命題を得る。

命題1（i）価格差別は常に市場1の消費者余剰を増加させる。
（ii）$1/3 \leq n<1$の時，価格差別は市場2の消費者余剰を減少させる一方，$0<n<1/3$の時，価格差別は市場2の消費者余剰を増加させる。
（iii）$1/3 \leq n<1$の時，価格差別は総消費者余剰を減少させる一方，$0<n<1/3$の時，価格差別は総消費者余剰を増加させる。

証明：下記証明2を参照のこと。

市場1では価格差別により，価格が下落するか，あるいは統一価格の下では購入できなかった財が購入できるようになるため，必ず消費者余剰は増加するのである。他方，市場2では，価格差別により常に価格が上昇するため，それは消費者余剰にマイナスの効果をもたらすが，$0<n<1/3$のときには，価格差別は大きな品質改善効果を生み出す。これが価格上昇による負の効果を相殺するため，$0<n<1/3$のときには市場2の消費者余剰も改善されるのである。このことは$0<n<1/3$のとき，価格差別がパレート改善をもたらすことを示して

5 $1/3 \leq n<1$の時，統一価格の下での総供給量は$q_1^U+q_2^U=n/(1+n)+1/(1+n)=1$，価格差別の下での総供給量は$q_1^D+q_2^D=1/2+1/2=1$となり，価格差別は総供給量を変化させないことが分かる。

いる。

最後に，価格差別が社会的余剰に与える影響についてみてみよう。すると，以下の命題を得る。

命題2 **価格差別は常に社会的余剰を増加させる。**

証明：下記証明3を参照のこと。

ここで，$1/3 \leq n < 1$の時，価格差別は財の総供給量を変化させないことを思い出そう。従来の分析では，社会的余剰が増加するのは総供給量が増加する場合に限られていた。これに対し，企業が財の価格と共に品質も決定する本章のモデルでは，財の総供給量が増加せずとも，価格差別による品質向上の効果が社会的余剰を改善させるのである。

11補-5 結　　論

本章における議論に従えば，近年様々な企業で採用されている身体障害者に対する割引サービスは，単なる企業の温情的な社会貢献に留まらず，社会厚生を引き上げる可能性のあることが示唆される。身体障害者は健常者に比べ，財やサービスを消費する上で様々な制約（例えば，携帯電話であれば，耳の不自由な方はメールやインターネット機能しか使用できないし，目の不自由な方は通話や音楽再生機能しか使用できない）があり，そのためその消費から得られる効用は健常者より低いものになる可能性が考えられる。すなわち，本章の市場1にあたるマーケットを形成していると見なす事ができよう。このような市場に対する割引価格での財の提供が社会的余剰を改善しうることは既に明らかにした通りである。

証明1：補題の証明

それぞれのレジームにおける品質の違いは，$1/3 \leq n < 1$の時

$$\Delta \alpha = \alpha^D - \alpha^U = \frac{(1+n)^2 - 4n}{4(1+n)}$$

で与えられる。すると，$\Delta \alpha$は常に正の値を取る。他方，$0 < n < 1/3$の時，

$$\Delta \alpha = \alpha^D - \alpha^U = \frac{n}{4}$$

で与えられ，この場合でも$\Delta \alpha$は常に正の値を取ることが分かる。

それぞれのレジームにおける価格の差は，$1/3 \leq n < 1$の時

$$\Delta p_1 = p_1^D - p^U = \frac{n(1+n)^3 - 8n^2}{8(1+n)^2}$$

$$\Delta p_2 = p_2^D - p^U = \frac{(1+n)^3 - 8n^2}{8(1+n)^2}$$

で与えられる。すると，Δp_1は常に負の値を取る一方，Δp_2は常に正の値を取る。他方，$0 < n < 1/3$の時，

$$\Delta p_2 = p_2^D - p^U = \frac{2n+1}{16}$$

であり，これは常に正の値を取る。

証明2：命題1の証明

それぞれのレジームにおける消費者余剰の差は，$1/3 \leq n < 1$の時

$$\Delta CS_1 = CS_1^D - CS_1^U = \frac{n(1+n)^4 - 16n^4}{32(1+n)^3}$$

$$\Delta CS_2 = CS_2^D - CS_2^U = \frac{(1+n)^4 - 16n}{32(1+n)^3}$$

$$\Delta CS = CS^D - CS^U = \frac{(1+n)^5 - 16n(1+n^3)}{32(1+n)^3}$$

で与えられる。すると，ΔCS_1は常に正の値を取る一方，市場2の消費者余剰および，総消費者余剰に関して，は常に負の値を取ることが分かる。他方，$0<n<1/3$の時，

$$\Delta CS_1 = CS_1^D - CS_1^U = \frac{n(1+n)}{32}$$

$$\Delta CS_2 = CS_2^D - CS_2^U = \frac{n}{32}$$

$$\Delta CS = CS^D - CS^U = \frac{n(n+2)}{32}$$

が成立し，これらは全て，常に正の値を取ることが分かる。

証明3：命題2の証明

それぞれのレジームにおける社会的余剰の差は，$1/3 \leq n < 1$の時

$$\Delta SW = SW^D - SW^U = \frac{2(1+n)^5 - 16(n+n^2+n^3+n^4)}{32(1+n)^3}$$

と表され，常にΔSWは正の値を取ることが分かる。他方，$0<n<1/3$の時，ΔSWは

$$\Delta SW = SW^D - SW^U = \frac{n(n+2)}{16}$$

であり，やはり常に正の値を取ることが分かる。

第12章 企業戦略（v）－カルテルと参入阻止－

公正取引委員会によると**カルテル**とは「複数の企業が連絡を取り合い，本来，各企業がそれぞれ決めるべき商品の価格や生産数量などを共同で取り決める行為」であるとされている[1]。代表的なカルテルには，協調して財の価格を吊り上げる「価格カルテル」，各企業の生産量を取り決める「数量カルテル」，設備投資を制限する「投資カルテル（設備制限カルテル）」，取引相手や取引地域を制限する「販路カルテル」，在庫の保有量を制限する「在庫カルテル」など様々な種類があるのだが，日本では全て独占禁止法において禁じられている。しかし，カルテルの課徴金（罰金）は非常に高額になるケースが多いにも関わらず，カルテルで企業が摘発される事例は今もよく耳にする。そこでまず，企業がカルテルを維持する可能性について考察していこう。

12-1 カルテルの安定性

次のような状況を考えてみよう。

- 企業Aと企業Bが「協調する」か「裏切る」かを同時に選択
- もし両企業とも「協調する」なら，その期の両企業の利得は10
- 裏切った場合，その期における裏切った企業の利得は20，協調した企業の利得は1
- どちらかが一度でも裏切ると，以降の期では共に「裏切る」を選択し続け共に毎期2の利得。

1　公正取引委員会「私たちの暮らしと独占禁止法の関わり」（https://www.jftc.go.jp/ippan/part2/act_02.html）より（最終閲覧日 2020 年 9 月）。

	第1期	第2期	第3期	第4期	第5期	第6期
企業A	10	10	10	20	2	2
企業B	10	10	10	1	2	2

表12-1　企業Aが第4期に裏切った場合

一度どちらかが裏切るとその後，ずっと2人とも裏切り続けるような戦略は（一度引き金を引いたら最後という意味で）**トリガー戦略**と呼ばれる。**表12-1**では企業Aが第4期に裏切った際の両企業の利潤を表している。また，表では第6期までが記載されているが，実際には無限先まで続く（**無限繰り返しゲーム**と呼ばれる）ものとする。さて，このゲームで，両企業は「協調する」を選択し続けるか，それとも「裏切る」か考えていこう。

このような繰り返しゲームでは**割引因子**が重要になる。例えば「明日，1万円あげる！」と言われるより「今，1万円あげる！」と言われた方が通常，嬉しく感じる。これは「今の1万円」と「将来の1万円」は今の時点で同じ価値であるとは言えないためである。この「今」と「将来」の差が「割引因子」となって表れるのである。

割引因子をもう少し詳しくみていこう。ある人は「今の1万円」と「1年後の1万1千円」が今の時点で考えて，同じ価値だと思っているとしよう。すると，この人の1年後の1万1千円を現在の価値に直すには

$$11{,}000 \times \frac{10}{11} = 10{,}000$$

と計算できる。この$\frac{10}{11}$を割引因子と呼ぶ。

さて，上記の繰り返しゲームにおいて，1期間における割引因子が$\delta, (0 < \delta < 1)$であったとしよう。すると2人とも協調し続けるなら，無限期間の利得の合計（現在価値）は，初項10，公比δの無限等比数列の和になるため

$$10 + 10\delta + 10\delta^2 \cdots = 10/(1-\delta)$$

と求められる。

他方，裏切るのであれば，なるべく早く裏切る方が利得は大きくなる。そこで第1期に裏切るとすれば，裏切った企業の利得は，初項2δ，公比δの無限等比数列の和に20を加えて

$$20+2\delta+2\delta^2+\cdots=20+(2\delta)/(1-\delta)$$

と求められる。すると，

$$10/(1-\delta)>20+(2\delta)/(1-\delta)$$

つまり$\delta>5/9$であれば協調し続けた方が利得は高まることが分かる。

もし，これが繰り返しではなく1回のみのゲーム，つまり一度だけ「協調する」か「裏切る」かを選ぶゲームであれば，両者は必ず「裏切る」を選び，いわゆる囚人のジレンマが発生することが容易に確認できる。つまり，1回のみのゲームでは囚人のジレンマが発生したとしても，それが無限繰り返しゲームで，ある程度，割引因子が大きいならば，囚人のジレンマは発生せず，常に協調的な行動が取られるかも知れないということである。また，ここでは繰り返されるゲームが「無限」あるいは「終わりがいつか分からない」ところも重要になる。

12-2 参入阻止戦略

カルテルとはライバルとの競争を避け，協調することで利潤を高める戦略であった。次にある意味，それとは真逆の戦略「参入阻止」について考えてみよう。

ある街で百貨店Ａが営業を行っているとする。そこにライバル百貨店Ｂが参入するかどうかを検討し始めた。Ｂが参入するかどうかでお互いの利得が変わるのだが，参入した場合にはＡが「競争」の戦略を取るか，「協調」するかで利得が変わる。つまり，まずＢが参入するかどうかを決定し，それを観察してか

らＡが「競争」するか「協調」するかを決定する**逐次手番ゲーム**である。

図12-1は**ゲームの木**と呼ばれ，それぞれのプレイヤーの取り得る行動と利得が記されている。まず一番左のＢの点で百貨店Ｂが「参入する」か「参入しない」かを決定，「参入しない」場合は上の矢印に沿って進み，括弧で記された利得を得る。括弧の左がＡの，右がＢの利得を表しており，この場合，Ａは５の，Ｂは０の利得を得る。Ｂが参入した場合，下の矢印に沿って進み，Ａの手番に移る。Ａが「競争」を選ぶなら(1,－1)の利得，「協調」を選ぶなら(3, 2)の利得を得る。このようにゲームの木を使って表現するゲームは**展開型ゲーム**と呼ばれる。

さて，このゲームの均衡はどのように求めれば良いだろうか。やはり，時間の流れのあるモデルはバックワード・インダクションを使って考える必要がある。

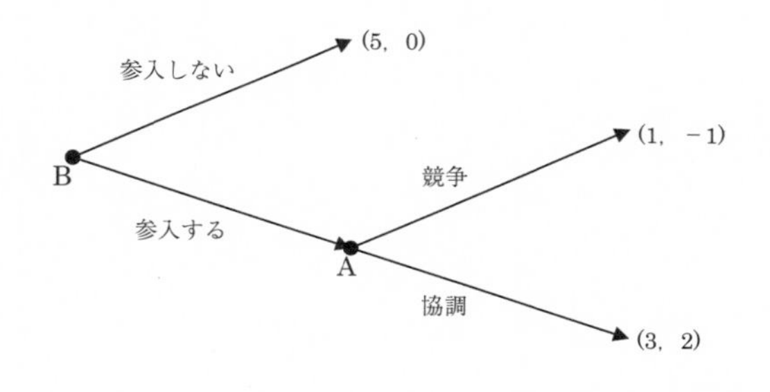

図 12-1　ゲームの木

つまり，Ｂは自分の行動によって，Ａがどのように行動するのかを予測した上で行動を決定すると考えるのが合理的である。したがって，まずはＡの行動を分析しなければならない。そこで点Ａから始まるゲームに注目しよう。

図12-2はこのゲームを取りだしたもので，これは**部分ゲーム（サブ・ゲーム）**と呼ばれる。Ａは「競争」か「協調」かを選ぶのだが，「競争」を選べば１の利得を，「協調」を選べば３の利得を得ることになるため，Ａは「協調」を選ぶ

ことになる。

次に点Bから始まる部分ゲームを考えよう。Bが「参入する」場合は(3, 2)の利得が得られることが分かったため，その利得が記載されている。するとBは「参入しない」なら0の利得を，「参入する」なら2の利得を得るため，Bは「参入する」を選択することになる。

結局，このゲームの均衡では百貨店Bが「参入する」，百貨店Aが「協調する」を選び，(3, 2)の利得を得ることが分かる。このようにして得られた均衡は全ての部分ゲームでナッシュ均衡となっているため，**部分ゲーム完全均衡**あるいは**部分ゲーム完全ナッシュ均衡**（*Subgame Perfect Nash Equilibrium*：*SPNE*）と呼ばれる。

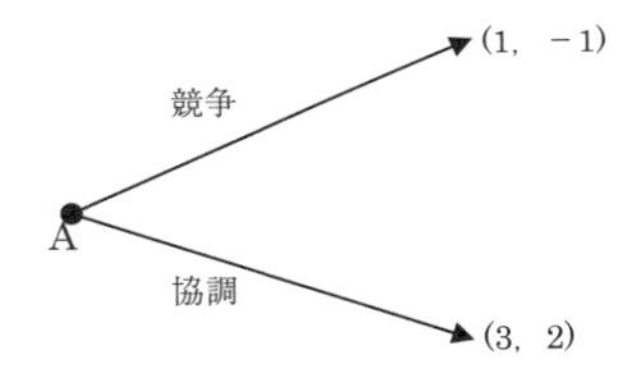

図12-2　部分ゲーム①

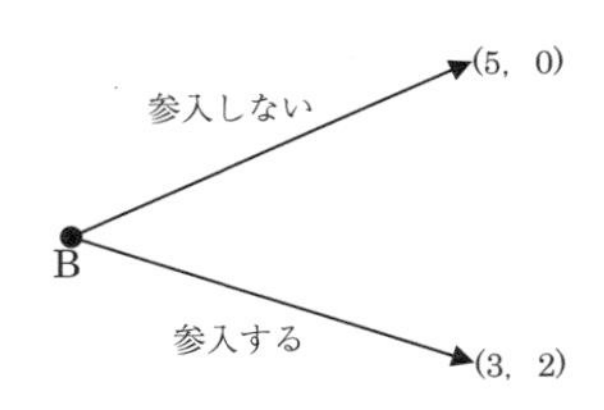

図12-3　部分ゲーム②

12-3 カラ脅し

以上で部分ゲーム完全均衡は求めることが出来た。しかしここで，ゲームの開始前に百貨店Ａが百貨店Ｂに対して**「もし参入してきたら，絶対に競争してやるからな！！」**と脅しをかけたとしよう。さて，この脅しは成功するだろうか。

Ｂが脅しに屈さず，参入したとしよう。するとＡはどのように行動するだろうか。前言通り，競争を選択するだろうか。このケースでもＡは「競争」より「協調」を選択した方が利得は高まることは明らかであり，したがって，Ａはやはり「協調」を選択するであろう。ポイントは，このことをＢも承知していることである。つまり，ＢはＡによる脅しが**「カラ脅し」**であることが分かっているため，このような脅しが成功するとは考えられない。結局，上で見たような部分ゲーム完全均衡が達成されることになるのである。

では，このような脅しを成功させるにはどうすれば良いだろうか。それはＢが参入を決定する前に，Ａが**行動をコミットする**ことである。行動をコミットするとは，「必ずその行動を取ると相手に信用させること」を指す。例えば，Ｂが参入を検討し始めた段階で，Ａが「もしライバル企業が参入してきたなら，必ず特大セールをやり続けます！」と広告を出したとしよう。広告を出せば，それは消費者と約束したことになり，Ａは「協調」を選ぶことが事実上，不可能になる。もちろん，そのような広告を現実に出せるかどうかは不明だが，自分の行動をコミットすることができるかどうかがここでのカギになるといえよう。

Part Ⅲ

産業組織論の応用

Application Case for Industrial Organization

第13章 国際貿易への応用

産業組織の理論は「国際貿易論」でも盛んに応用される。それは，これまで「市場A」「市場B」などとしていたものを，そのまま「A国」「B国」に置き換えることで，国際貿易の枠組みに拡張することが出来るためである。この章では産業組織論の応用としての国際貿易論をみていくことにしよう。

13-1 双方向ダンピング

「自国」と「外国」のみを考え，それぞれの国に，同質財を生産する企業が1社ずつ存在するとしよう。それぞれの国で両企業がクールノー競争を行うが，他国に販売する，つまり輸出する際には一単位当たりtの輸送費が必要になると仮定する。自国の逆需要関数は$p=a-q$，外国の逆需要関数は$p^*=a^*-q^*$で表される。ただし，aとa^*は正の定数，qは自国における総販売量を，q^*は外国における総販売量を表している。また，生産にかかる限界費用は両企業ともc（ただし$c<a$）で一定とする。

以上より，自国企業の利潤関数は

$$\pi=(p-c)x+(p^*-c-t)x^*$$

$$=(a-x-X-c)x+(a^*-x^*-X^*-c-t)x^*$$

と表される。ただし，Xは自国企業の自国市場における販売量を，X^*は自国企業の外国市場における販売量を，Xは外国企業の自国市場における販売量を，X^*は外国企業の外国市場における販売量を表している。（つまり，大文字は外国企業を，*は外国市場を表す。）すると，利潤最大化の一階の条件より，自国企業の反応関数

$$\frac{\partial \pi}{\partial x}=a-2x-X-c=0 \Rightarrow x=\frac{a-X-c}{2} \quad \cdots (1)$$

$$\frac{\partial \pi}{\partial x^*}=a^*-2x^*-X^*-c-t=0 \Rightarrow x^*=\frac{a-X^*-c-t}{2} \quad \cdots (2)$$

が得られる。同様にして，外国企業の反応関数は

$$X=\frac{a-x-c-t}{2} \quad \cdots (3)$$

$$X^*=\frac{a-x^*-c}{2} \quad \cdots (4)$$

となる。すると，(1)と(3)式，(2)と(4)式をそれぞれ連立して解くことでクールノー均衡

$$x=\frac{a-c+t}{3}, \quad x^*=\frac{a^*-c-2t}{3}$$

$$X=\frac{a-c-2t}{3}, \quad X^*=\frac{a^*-c+t}{3}$$

が得られる。

ここから分かることは，「$t<(a-c)/2$かつ$t<(a^*-c)/2$，すなわち，ある程度，輸送費が低ければ，両企業は自分の国で販売しつつ，輸出も行う」ということである。これは，輸送費を負担した上で輸出を行うので，企業にとっては実質的に，外国において自分の国よりも安い価格で財を販売していることに注意しよう。このような現象は**双方向ダンピング**と呼ばれる。つまり，**同質財を生産している時でさえ，輸送費を負担し，輸出を行うことが企業にとって利益を生む**のである。

現実に，日本の自動車がアメリカに輸出されると同時にアメリカの自動車も日本に輸出されていたり，家電製品なども同じような財が双方向に輸出された

りしていることがあり，双方向貿易は決して理論上のものだけではないといえよう。

13-2 戦略的貿易政策

1980年代から90年代にかけて，**戦略的貿易政策**と呼ばれる理論が盛んに研究されてきた。経済学において**「戦略的」とは「自分の戦略により相手がどのように行動を変化させるかを見極めた上で自分の戦略を考える」こと**を指す。一昔前に一世を風靡した戦略的貿易政策とはどのようなものか，その典型的な例をみていこう。

ここでも自国企業と外国企業を考えるが，先ほどの双方向ダンピングとは異なり，自国企業と外国企業が他の第三国へ輸出を行っているとする。また，自国と外国の市場は無いものとし，第三国の市場のみを考えよう[1]。さらに，自国政府を考え，自国政府は自国の経済厚生が最大になるよう輸出補助金を与える（あるいは輸出税を課す）とする。つまり，第一段階で自国政府が自国企業への輸出補助金額を決定し，第二段階で自国企業と外国企業が第三国市場でクールノー競争を行う。

第三国市場の逆需要関数を$p=a-q$とし，輸送費は無いものとしよう。限界費用は先ほどと同じくcで一定とする。以前学んだように，時間の流れとは逆に分析を行う（バックワード・インダクション）必要があるため，まずは両企業のクールノー競争を考えよう。自国企業の利潤関数は

$$\pi=(p-c+s)x$$

$$=(a-x-X-c+s)x$$

と表される。ここで，sは自国政府が自国企業に与える輸出一単位当たりの補

1　ただし，限界費用が一定のモデルでは自国と外国の市場があっても，ここでの結果は変わらない。

助金（負の値であれば税）を，x は自国企業の販売量を，X は外国企業の販売量を表している。利潤最大化の一階の条件より，自国企業の反応関数

$$\frac{\partial \pi}{\partial x}=a-2x-X-c+s=0 \Rightarrow x=\frac{a-X-c+s}{2} \quad \cdots (5)$$

が得られる。同様にして，外国企業の反応関数は

$$X=\frac{a-x-c}{2} \quad \cdots (6)$$

と求められる。(5)，(6)式より，クールノー均衡は

$$x=\frac{a-c+2s}{3}$$

$$X=\frac{a-c-s}{3}$$

となることが分かる。

自国政府はこのことを織り込んで，補助金の大きさを決める。ここでは第三国市場を扱っているため，自国の経済厚生は

$$W=\pi-sx$$

つまり，自国企業の利潤から補助金の総額を差し引いたものになる。先ほど求めたクールノー均衡をこれに代入すると，経済厚生は

$$W=\left(\frac{a-c+2s}{3}\right)^2-\frac{s(a-c+2s)}{3}$$

と書き換えられ，すると一階の条件より，最適な補助金の大きさは

$$\frac{dW}{ds}=\frac{4(a-c+2s)}{9}-\frac{a-c+2s}{3}-\frac{2s}{3}=0$$

$$\Rightarrow s=\frac{a-c}{4}$$

と求められる。さらにこれを先に求めたクールノー均衡に代入すると自国と外国の生産量はそれぞれ

$$x=\frac{a-c}{2},\quad X=\frac{a-c}{4}$$

となることが分かる。

さて，この結果からどのようなことが分かるだろうか。まず，自国政府は自国企業に（輸出税ではなく）輸出補助金を与えることが望ましいということが理解される。そうすることで，自国企業は生産量を増加させ，外国企業は生産量を減少させることになる。では，どこまで自国企業の生産量を増加させるのだろうか。それは**第５章**のシュタッケルベルク・モデルと比較すると明らかであろう。それを見ると，この補助金政策により，自国企業は，まさしくシュタッケルベルク・リーダーと同じだけ生産し，外国企業はシュタッケルベルク・フォロワーと同じだけ生産していることが分かる。つまり，**自国政府による輸出補助金は自国企業の反応関数をシュタッケルベルク・リーダーと同じ生産量になるよう上方にシフトさせ，利潤を増加させる**のである。これは**戦略的輸出政策**と呼ばれるものである。

このような貿易政策は，実に様々なバリエーションが研究され，実際の政策への応用も考えられてきた。しかし，ここでの戦略的輸出政策を実際に行おうとすると，大きな問題が生じる可能性が高い。それは，**そのような政策は外国政府による報復的政策を招く恐れが大きい**ということである。ここでは考えなかったが，外国政府が指をくわえて見ているだけというのは，実際には不自然であろう。もし外国政府も同じような輸出政策を採用するなら，**補助金戦争**と

呼ばれる状況になり，「最適な」補助金どころか，両政府が何もしない状態より経済厚生は悪化してしまう（囚人のジレンマ）。この場合，第三国だけは漁夫の利のごとく，経済厚生が改善されるのである。経済規模の小さな国が十分な補助金を出せず，不利な状況に追いやられるのも大きな問題であり，WTOはこのような輸出補助金を原則禁止している。

現実の例として有名なのがアメリカの航空機メーカー「ボーイング」とEUの航空機メーカー「エアバス」との争いである[2]。両企業とも国からの支援を受け，航空機市場で熾烈なシェア争いを繰り広げている。これはアメリカとEUの両者にとって決して良い結果となっていないと言われており，まさしく上に述べたとおり，囚人のジレンマの状況であったと言えるであろう。

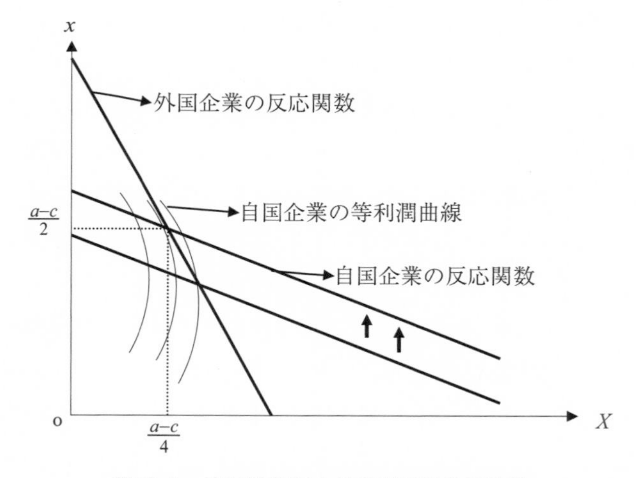

図13-1　自国政府による輸出補助金の効果

2　エアバスはフランスとドイツの航空機メーカーの共同出資により設立され，現在，フランスとオランダに本社が置かれている。

第14章　公　企　業

　これまで扱ってきた企業は全て利潤最大化を目的とする，いわゆる「私企業」であった。しかし，世の中に存在する企業は全て民間の私企業であるとは限らない。例えば，水道事業や一部の病院，国立公園等の観光施設は国や地方自治体により運営されており，そのような企業は**公企業**と呼ばれる。

　さらに，現在の東京電力のように，株の半分ほどを国（正確には，原子力損害賠償支援機構）が保有しているような，いわゆる，**半官半民**といった企業も存在する。たとえば，JT（日本たばこ産業）も株の33.35％を財務大臣が保有しているほか，東京都競馬株式会社も株の27.78％を東京都が保有している（2020年4月現在）。

　さて，これらの公企業，あるいは半公営企業は何を目的として経営を行っているだろうか。単に，自社の利潤最大化でないことは明らかで，「公営」である以上，「公」のためにある，つまり国（あるいは地方）全体の利益の最大化を目的としていると考えるべきであろう。ここでは公企業の行動について考えていこう。

14-1　公企業の目的

　まずは独占的な公企業について考えていこう。そもそもなぜ，国や地方自治体が経営を行わないといけないのか，それは，「公共財」「規模の経済」「外部性」など，様々な理由が考えられよう。

　公企業である以上，その目的は利潤最大化ではなく，国全体の利益の最大化であるはずである。では国全体の利益とは何であろうか。ここではそれを経済厚生（社会厚生）として，次のように定義しよう。

$$W = \Pi + CS$$

ここで，Πは公企業の利潤をCSは消費者余剰を表している。これは以前に学んだ**社会的余剰（総余剰）**に等しいものである。すなわち，公企業は**自己の利潤のみではなく，消費者の利益の増大もその目的**としているのである。またここでは水道事業のように，公企業のみが独占的に財を供給しているものとしよう。

では，具体例でみていくことにしよう。逆需要関数が$p = a - q$で与えられており，限界費用は一定でCとしよう。pは生産量，qは価格，aはある正の定数で，$a > C$である。すると，企業の利潤関数は

$$\Pi = (p - C)q = (a - q - C)q$$

となる。

他方，消費者余剰は$q^2/2$となるので，経済厚生は

$$W = (a - q - C)q + \frac{q^2}{2}$$

と表される[1]。つまり，これを最大にするqを求めるのである[2]。

すると，一階の条件より

$$\frac{dW}{dq} = a - 2q - C + q = 0$$

$$\Rightarrow q = a - c$$

となることがわかる。これを逆需要関数に代入すると

1　なぜ消費者余剰がこのようになるのかわかりにくければ，需要関数のグラフを描いて確認してみよう。

2　独占企業を想定しているので，生産量ではなく価格を決定すると考えても結果は同じである。

$$p = C$$

が得られる。つまり，**独占的公企業においては価格と限界費用が一致する完全競争市場と同じ結果**が得られるのである。ここでもし固定費用などがかかり，このような価格設定で赤字が発生する場合には，税金により補填されることとなる。

さて，それならば，全ての市場を独占的な公企業に任せれば最高の経済厚生を達成できるのではないかと思われるかもしれないが，しかしそう簡単にはいかない。公企業の問題については，14-3節で確認しよう。

14-2 混合寡占市場

日本郵便やゆうちょ銀行は私企業とも競争を行っている代表的な例であろう。このような市場は**混合寡占市場**と呼ばれる。混合寡占市場の場合，経済厚生は次のように定義される。

$$W = \Pi + \pi + CS$$

ここでπは私企業の利潤を表している。つまりこの場合，公企業は私企業の利潤の増大も目的とすることになるのである。（したがって，先ほど「私企業と競争を行っている」としたが，「競争」という言葉はいくぶん，矛盾しているかもしれない。）

では，この混合寡占ではどのような結果が導かれるだろうか。先ほどと同じ需要関数，限界費用を用い，求めてみよう。同質財を生産する私企業の限界費用をcとし，両企業は同時に生産量を決定するとしよう。またここでは，私企業の方が効率的に生産している，つまり$C > c$とする。すると，経済厚生は

$$W = (p - C)X + (p - c)x + \frac{q^2}{2} = (a - q - C)X + (a - q - c)x + \frac{q^2}{2}$$

と表される。ここでXは公企業の生産量を，xは私企業の生産量を表しており，

$X+x=q$である。一階の条件より，公企業の反応関数

$$\frac{\partial W}{\partial X}=a-q-C-X-x+X+x=0$$

$$\Rightarrow X=a-C-x$$

が得られる。

他方，私企業の利潤関数は

$$\pi=(a-q-c)x$$

であり，利潤最大化の一階の条件より，私企業の反応関数

$$\frac{\partial \pi}{\partial x}=a-q-c-x=0$$

$$\Rightarrow x=\frac{a-c-X}{2}$$

が得られる。これら二つの反応関数を連立して解くと

$$X=a-2C+c,\ x=C-c,\ q=a-C,\ p=C$$

となることが分かる。つまり，**公企業の限界費用と価格が等しくなるように生産量を決定**するのである。ここで，私企業のみのクールノー複占均衡よりも，経済厚生が大きくなっていることは明らかであろう。

14-3 *X* 非効率

先ほどの例では，私企業が公企業よりも効率的に財を生産すると仮定した。しかし，それは正しい仮定なのだろうか。あるいは，私企業と公企業ではどちらが優れているのだろうか。このことに関し，**X非効率**の存在が古くから指摘されている。

公企業では，私企業のように利潤だけを追い求める必要がないため，効率改善や技術革新のインセンティブが少なくなると考えられる。また，コストカットや顧客満足度の増加といった努力も，私企業よりは行われにくくなるといわれている。さらには株主への利益還元もあまり考える必要がない。このような公企業に存在するかもしれない問題は**「公企業の*X*非効率」**と呼ばれ，公企業の欠点の一つと考えられてきたのである。したがって，先ほどの分析から，直ちに私企業よりも公企業による独占の方が経済厚生上，優れているとは決して言えないのである[3]。

また，自分の利潤だけならいざ知らず，他の企業の利潤関数や消費者余剰を，公企業が正しく測れるのか，という大きな問題もある。利潤最大化を目的としないため，一部の利益団体の都合の良いような経営が行われる可能性も捨てきれないであろう。

このように，公企業は一義的には経済厚生の最大化を目的としながらも，様々な問題も抱えていることを考慮する必要があるといえよう。近年では公企業の民営化が盛んに議論されている。国鉄⇒JR，電電公社⇒NTT，日本道路公団⇒NEXCOなどは民営化された代表的なものである。

また，完全には民営化しないまでも，その一部を私企業に任せる**PFI**（Private Finance Initiative）なども活用されるようになってきた。これは半官半民と呼ばれる経営方法の一つで，日本では一部の公立病院や刑務所の運営，駐車違反の取り締まり（駐車監視員）などで導入されており，*X* 非効率を抑えながら公企業としての役割を果たすべく，試行錯誤が続いているのである。

3 しかしながら，*X* 非効率が本当に存在するのかは，現在でも論争のあるところである。

終章 産業組織論の歴史

産業組織論は「ハーバード学派」と「シカゴ学派」と呼ばれる二つの学派の間で，市場に対する規制のあり方や，政府の役割についての論争がおこなわれてきた。最近ではそのような論争は下火になったようであるが，本書の最後に産業組織論を代表する二つの学派の考え方を簡単に確認しておこう。

終-1 ハーバード学派とS-C-Pパラダイム

1950年代から60年代，主にハーバード大学を中心とした学者達（したがって，ハーバード学派と呼ばれた）は，産業組織論の立場から政府の反トラスト政策（競争政策）を策定する枠組みを提供してきた。それは**「S-C-Pパラダイム（S-C-Pモデル）」**と呼ばれる。S-C-PパラダイムのS-C-Pとは

- **S…Market Structure（市場構造）**
- **C…Market Conduct（市場行動）**
- **P…Market Performance（市場成果）**

のことで，これらS⇒C⇒Pの流れにより市場の成果が決定されるという仮説をS-C-Pパラダイムと呼ぶ。**図終-1**はこの流れを簡単に捉えたもので，市場構造が市場行動を規定し，市場行動が市場成果を生み出すことを意味している。したがって，もしある市場で満足な「市場成果」が得られていないなら，それは根本的には「市場構造」の問題であると考えられるのである。

1950年代から60年代のアメリカにおいては，このような考え方に基づいて，適切な市場構造を形成するために，いかに政府が介入すべきかが考察されてきた。

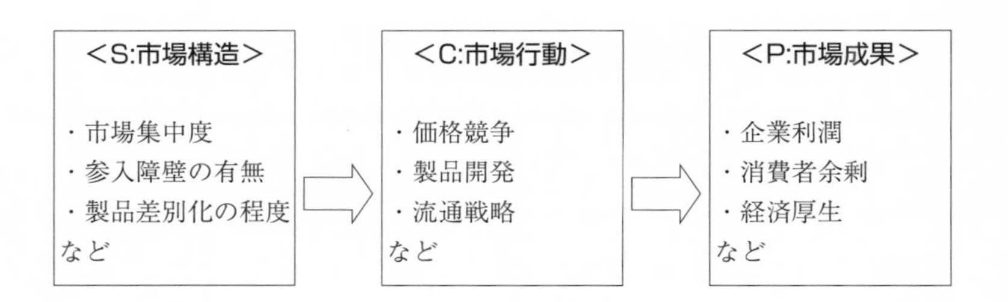

図終-1　S-C-P パラダイム

終-2　シカゴ学派によるハーバード学派批判

これに対し，1970年代，シカゴ大学を中心とした学者のグループ（したがって，「シカゴ学派」と呼ばれた）は「S⇒C⇒Pではなく，むしろ，P⇒C⇒Sである」と主張した。これはたとえば・・・

「ある企業が高い利潤率を誇っている（P）」

↓↓

「すると，製品開発や流通戦略で優位に立てる（C）」

↓↓

「その結果，市場集中度が高まる（S）」

という理屈である。つまり，市場構造が市場行動，市場成果を生み出すのではなく，市場成果がそれに見合った市場構造を作り出すと考えるのである。

したがって，この考え方に立つと，政府による適切な政策とは，望ましい市場構造を作るために市場に介入することではなく，市場における自由な経済活動を認め，強い企業を市場に選んでもらうことであるといえる。実際，1970年代から80年代はシカゴ学派の考え方に基づき，アメリカで様々な規制緩和が行われてきた[1]。

では，ハーバード学派とシカゴ学派のどちらの考え方が正しいのであろうか。この点に関し，柳川（2001）では「短期と長期の違い」であることが指摘されている[2]。すなわち，S⇒C⇒Pの因果関係は比較的短期間に成立する一方で，これに対するP⇒C⇒Sのフィードバックは長い時間を要するとの指摘である。すると，対立するように見えたハーバード学派とシカゴ学派も決して矛盾する考え方などではなく，時間軸をどのように捉えるかの問題であると考えることができるのである。

1　**第7章**で見た「コンテスタブル市場」はこのシカゴ学派の考え方を突き詰めたものであるともいえる。

2　柳川隆（2001）「産業組織論の分析枠組：新産業組織論と構造―行動―成果パラダイム」『神戸大學經濟學研究年報』第47巻

索　引

【英】

【あ行】

【か行】

【さ行】

索　　引

【た行】

【な行】

【は行】

【ま行】

【ら行】

【わ行】

<著者紹介>

池田　剛士（いけだ　たけし）

（略　歴）

1977年生まれ。2006年大阪市立大学大学院経済学研究科後期博士課程修了（博士（経済学））。2006年神戸国際大学経済学部専任講師などを経て，現在，大東文化大学経済学部教授。

（主要著作）

"Does a tariff really enhance welfare?" *Japan and the World Economy*, vol. 19, Issue 2, 2007。

"Third-degree price discrimination, quality choice, and welfare," (with T. Toshimitsu) *Economics Letters*, vol. 106, No. 1, 2010。

"Direct sale or indirect sale? Effects of shareholding," (with M. Okamura and T. Nariu) *Manchester School*, vol. 79, No. 3, 2011。

"How should we protect innovations?" (with T. Tanno and Y. Yasaki) *Studies in Applied Economics*, vol. 13, 2020。（日本応用経済学会学術論文賞 受賞）

著者との契約により検印省略

令和３年１月１５日　初版発行

産業組織と企業行動

著　　者	池　田　剛　士
発行者	大　坪　克　行
印刷所	岩岡印刷株式会社
製本所	牧製本印刷株式会社

発行所　〒161-0033 東京都新宿区下落合２丁目５番13号　株式会社 税務経理協会

振　替 00190-2-187408　電話 (03)3953-3301（編集部）
ＦＡＸ (03)3565-3391　(03)3953-3325（営業部）
URL http://www.zeikei.co.jp/
乱丁・落丁の場合は，お取替えいたします。

ISBN978-4-419-06770-0 C3033